● 牛津通识 ○传记

A Very Short Introduction

荷马

Homer

[英] 芭芭拉·格拉左西
(Barbara Graziosi) / 著

关薇 / 译

中信出版集团 | 北京

图书在版编目（CIP）数据

荷马 /（英）芭芭拉·格拉左西著；关薇译. -- 北京：中信出版社，2024.4
（牛津通识. 传记）
书名原文：Homer: A Very Short Introduction
ISBN 978-7-5217-6310-2

Ⅰ.①荷… Ⅱ.①芭… ②关… Ⅲ.①荷马（Homer 约前 9- 前 8 世纪）－传记 Ⅳ.① K835.455.6

中国国家版本馆 CIP 数据核字（2024）第 008537 号

Copyright © Barbara Graziosi 2019
Homer: A Very Short Introduction was originally published in English in 2019.
This translation is published by arrangement with Oxford University Press.
CITIC Press Corporation is solely responsible for this translation from the original work and Oxford University Press shall have no liability for any errors, omissions or inaccuracies or ambiguities in such translation or for any losses caused by reliance thereon.
Simplified Chinese translation copyright © 2024 by CITIC Press Corporation
ALL RIGHTS RESERVED
本书仅限中国大陆地区发行销售

荷马

著者： ［英］芭芭拉·格拉左西
译者： 关薇
出版发行：中信出版集团股份有限公司
（北京市朝阳区东三环北路 27 号嘉铭中心　邮编　100020）
承印者： 河北鹏润印刷有限公司

开本：787mm×1092mm　1/32　印张：5.5　字数：87 千字
版次：2024 年 4 月第 1 版　印次：2024 年 4 月第 1 次印刷
京权图字：01-2024-0567　书号：ISBN 978-7-5217-6310-2
定价：45.00 元

版权所有·侵权必究
如有印刷、装订问题，本公司负责调换。
服务热线：400-600-8099
投稿邮箱：author@citicpub.com

赞誉

完美的关于荷马的入门读本。

——《泰晤士报文学增刊》

荷马史诗在几千年的文化传播中蓬勃发展，并为人接受，现如今（如尼采所言）更像一种"美学判断"，而非历史事实。这本书可读性极强，芭芭拉·格拉左西用简洁的文字清晰而全面地介绍了荷马，特别是详细描述了《伊利亚特》和《奥德赛》问世后的一些关键时刻。我们不仅能读到对诗歌本身既敏锐又新颖的概述，还可了解诗歌的古代背景（包括口头传诵的来源、它与近东文学的关系，以及特洛伊战争的证据）。她还让我们重新认识到这两部史诗作为最早期的古希腊文学对后世（从维吉尔到普里莫·莱维）的影响。格拉左西的书中有丰富的阅读资料，以及让读者做进一步探索的提示，这为大家欣赏这两部与永恒相关的史诗提供了最新、最可靠的指南。

——理查德·P.马丁，斯坦福大学安东尼和伊莎贝尔·劳比契克古典学教授

权威、清晰、精彩，充满现代气息。没人能比芭芭拉·格拉左西更好地为公众讲述荷马。

——伊迪丝·霍尔，伦敦国王学院古典学教授

这本书向普通读者生动地介绍了荷马诗歌，以及诗歌诞生最初的艺术世界。作者的表述十分有力，直截了当地表达了对在现今这个时代阅读荷马的持久价值的批判性意见。

——格雷戈里·纳吉，哈佛大学弗朗西斯·琼斯古典希腊文学教授、哈佛大学希腊研究中心主任

目 录

III 前 言

001 第一章
寻找荷马:
争议与美学的交织

009 第二章
文本线索:
荷马程式

023 第三章
史料线索:
英雄世界的真实性

041 第四章
诗中的诗人:
谁是真正的创作者?

057 第五章
阿基琉斯的愤怒:
跨越历史的比较

073 第六章

特洛伊之歌：
丰富的口头诗学文化

085 第七章

赫克托尔之殇：
直面最深的恐惧

099 第八章

足智多谋的人：
主题的普遍意义

115 第九章

女人与妖魔：
女性角色的存在感

127 第十章

地府之旅：
欺骗死亡的尝试

139 致 谢

141 插图来源

143 参考文献

153 延伸阅读

前言

1354年,彼特拉克收到一份《伊利亚特》的手稿,他在给拜占庭信使回信表示感谢时写道:

> 荷马对我来说喑哑不能言。更确切地说,我听不懂他讲话。不过,
> 看着他,我就满心欢喜。拥抱他时,
> 我时常叹息:"伟大的人啊,我多渴望聆听你的声音!"

怀抱着对这位自己读不懂的作家的复杂情感，彼特拉克掀起了一场规模巨大的思想运动：重读古希腊文学，由此塑造了文艺复兴，或者说塑造了古代的"重生"。他对荷马的表白成为文艺复兴运动开始的象征之一。

彼特拉克并不满足于留存那些读不懂的荷马手稿，他要寻找一位能够翻译该史诗，顺带教他希腊语的学者。他帮忙说服了佛罗伦萨的市政官员，在西欧设立了第一个希腊语教席。不幸的是，被选中的利昂提奥斯·彼拉多并不适合这个职位。彼特拉克在信件中透露了他对此人的印象：顽固、虚荣、易怒、衣冠不整。回顾历史上灾难性的学术任命，委任利昂提奥斯·彼拉多可以算是最糟糕的事件之一。然而，希腊语在西欧普及得如此缓慢，不仅是因为彼拉多糟糕的举止或着装。彼特拉克和同时代的意大利人一样，有种优越感，对拜占庭文化持怀疑态度，这不利于语言的学习。他感兴趣的是与荷马直接建立联系，而不是学习错综复杂的希腊语法。

如今，人们很容易读到荷马的诗歌。2003年发布的一份译著清单长达数百页，覆盖了所有主要的现代语言，以及世界语、几种方言和土话。语法书、评注、词典、百科全书、专著、文章和数字资源更是数不胜数，极大地方便了人们读懂希腊原文版《伊利亚特》和《奥德赛》。最后，同样重要的是，我们还有许多优秀的教师。然而，今天的人们往往发现自己与彼特拉克的境地如此相似：大家认为荷马是一位伟大的诗人，却没有读过他名下任何诗歌。在大多数情况下，我们主要通过其他诗歌、小说、戏剧和艺术作品对荷马史诗进行回响和折射才接触荷马。我们对作者本人的猜测也无处不在，荷马的身份，甚至是否有荷马其人，仍是未解之谜。

鉴于这种情况，撰写本书有如下两个主要目的。首先，给与荷马研究核心相关的文学、历史、文化和考古问题提供简洁的最新指南，以促进人们对《伊利亚特》和《奥德赛》的理解。其次，通过具体的例子，展示荷马的读者如何加入由其他读者乃至非读者（如彼特拉克）组成的庞大而多样的群体。

人们对荷马史诗的研究已超过 2 500 年。例如，我们知道，公元前 5 世纪，雅典的男孩被要求学习这些诗歌，并解释荷马史诗中的高难词汇。公元前 3 世纪至公元前 2 世纪，亚历山大图书馆内，学术大咖们收集了荷马的早期文本，对其进行编辑，并撰写了大量注释。他们的笔记摘要（被称为评注）出现在拜占庭手稿的页边空白处。正如前文所述，这些手稿从拜占庭传到意大利，诗歌在那里首次印刷出版。目前关于荷马的研究，包括本书中的介绍，都从这一漫长的学术历史中汲取了营养，评注仍然是荷马研究中的重要资料。然而，尽管这一学术传统令人赞叹，它却不能阐释几千年来荷马的重要意义。

许多从未研究过，甚至从未读过《伊利亚特》或《奥德赛》的人，为这两部史诗的成功传承与成名做出了贡献。例如但丁，他虽没有机会接触古希腊史诗，但描述了与荷马在地府第一层的会面，这激励彼特拉克自己找寻、阅读《伊利亚特》的抄本。德里克·沃尔科特称自己从未读过《伊利亚特》或《奥德赛》，他的史诗《奥麦罗斯》却是与荷马有密切关系的最重要的当代著作之一。本书在最后一章会集中讨论一个关键情节——奥德修斯造访地府，并展示后世的诗人（从但丁到沃尔科特）如何将造访地府视为一种回到过去的手段，一种与荷马直接对话的手段，如同与一位活着的诗人对话。

第一章

寻找荷马：争议与美学的交织

最早提及荷马之名的现存史料，可追溯至公元前6世纪，我们从中得知，古希腊人将荷马视为一位杰出的古代诗人，但除此之外，关于其人，所知几无定论。甚至"荷马"一名尚存争议：作者们似乎大都直截了当地使用该名，但也有人坚持认为，"荷马"仅是绰号，意为"盲人"或"人质"，指代诗人的人生中某段痛苦的经历。（"荷马"的含义之争悬而未决：该名不是标准的希腊人名，但明显并非杜撰。）诗人故土在何地，古时亦是议论纷纷。古老传说提及伊奥尼亚（即土耳其西部及附近岛屿）的几处地点，称荷马生于希俄斯岛、士麦那或伊奥利亚的库梅。还有记载提到雅典、阿尔戈斯、罗得岛和萨拉米斯。关于荷马故土，除了这7个地点的传统说法，总有新说不断：这是一场试图高人一筹的游戏，甚至有古希腊学者称荷马乃埃及人，或早期罗马人，理由是他描述的英雄之举更像是外国人的行为。公元2世纪，琉善撰文嘲笑了这些学说，称他真正去过极乐岛，亲眼见过荷马，而且一锤定音地将其出生地确定为古巴比伦。

如同荷马莫衷一是的生平，哪些诗歌确为其所著也无定论。《伊利亚特》从未受过质疑，但《奥德赛》则有辩疑。还有一系列史诗，现存的仅有一些片段和情节概要，有时会被认为是其所著，比如几首献给众神的《荷马颂诗》。总的来说，随着时间的推移，对荷马作品的认定范围变得越来越窄。公元前6世纪及公元前5世纪早期，古希腊作家认为荷马撰写了整套史诗长篇，而不仅仅是那两首诗歌。比如，剧作家埃斯库罗斯（公元前525年—公元前456年左右）称自己写的悲剧是"荷马盛宴中的小菜"，他心中一定认定荷马写下了整部特洛伊战争的诗集，以及有关俄狄浦斯、他的孩子们及争夺底比斯的诗集。

历史学家希罗多德（公元前484年—公元前425年左右）也认为荷马写过一些关于特洛伊和底比斯战争的诗歌，

但他开始怀疑其中部分诗歌的真正作者是否为荷马：比如，他注意到《伊利亚特》和《库普里亚》（又译《塞浦路斯之歌》，一首关于特洛伊战争初期的系统叙事诗）有矛盾之处，并提出，这两者当中只有《伊利亚特》为荷马所著。至公元前4世纪时，只有《伊利亚特》和《奥德赛》出自荷马之手已成公论：比如，柏拉图引用"荷马"之言时，只取自这两首诗。比他晚一辈的亚里士多德从美学角度将这两首诗歌与系统叙事诗做了区分，他指出，《伊利亚特》和《奥德赛》比其他早期史诗行文更紧凑。荷马诗歌，"不论是技巧还是天赋"，都围绕一个单一行动展开，而不像其他史诗那样，呈现多个仅有松散联系的情节。

简而言之，关于荷马的著作，人们的所知所解不只有流传的事实，还存在一些争论——古早时代便已如此。诗歌品位几经翻新，对"荷马"的定义也随之变化。剧作家埃斯库罗斯注重戏剧效果：他把荷马史诗视为一种广泛的史诗传统，许多戏剧均可从中有所借鉴。历史学家希罗多德则更关注事实的准确性：他反复考证了通常被认为是荷马史诗的各种诗歌，发现《库普里亚》与《伊利亚特》有矛盾之处，因而质疑两者为一人所著。哲学家亚里士多德对情节、写作技巧和才华进行了理论分析：他发现，《伊利亚特》和《奥德赛》这样的不朽诗篇均构思精巧、结构严密，于是认定两者出自同一位杰出诗人之手。

然而，即使在亚里士多德的论断之后，关于荷马究竟创作了什么仍然众说纷纭。公元前3世纪到公元前2世纪，亚历山大图书馆的学者们采用了更为严格的标准，以辨别荷马史诗的真伪。他们细致分析了《伊利亚特》和《奥德赛》的措辞和语法，在真实性可疑的诗行或段落旁边做上特殊的标记——画一条长线，名为"存疑符号"。他们还广泛地争论荷马可能创作了什么，没有创作什么，猜测他的性格及人格。这一时期的艺术家对荷马性格的兴趣颇浓，试图根据人们对他的描述，用自然的写实主义描绘荷马的面孔（见图1）。当然，他们的努力未能揭示《伊利亚特》和《奥德赛》的真正作者，但证明了对荷马的身份和外表的持久兴趣——这种兴趣延续至今（见图2）。正如普林尼在《自然史》中所言："人们因强烈的愿望凭空塑造一张张失传的面孔，荷马的肖像便是如此。"

鉴于古希腊人对荷马所知甚少，后人很容易全盘否定他们的观点，从零开始分析那些被认为是荷马所作的诗歌及传颂它们的背景。然而，事实上，想要重新开始是不可能的。我们从古希腊人那里继承的不仅有荷马的名字、关

图1 古希腊荷马雕像（公元前150年左右）的罗马时期复制品。其他几尊存世的古代雕像表明人们喜欢把荷马作为视觉表达的主题

图2 荷马超写实画像（2013年）。这件由韩国艺术家郑中元创作的作品在互联网迅速走红，部分原因是它引发了对荷马肖像主张"写实"有何意义的热议

于他的几尊雕像和传说，还继承了一种习惯，就是根据公认的作者来讨论《伊利亚特》《奥德赛》，还有系统叙事诗。佚名传播的史诗并不具有同样的传颂史或阐释史。

在彼特拉克致敬荷马后，其他学者开始学习希腊语，把希腊文翻译成拉丁文，并对史诗进行诠释。他们发现，荷马史诗其实难副作者盛名。哲学家詹巴蒂斯塔·维科（1668—1744）第一个提出荷马史诗不可能是由一位伟大诗人创作的，而是源于古希腊人集体的大众文化。他认为史诗过于"卑鄙、粗鲁、血腥、自负……荒诞、愚蠢又肤浅"，不可能是伟大作家的作品。他还补充说，诗歌所涉内容有差异，故事的风格也不尽相同，应为集体智慧的产物。

几十年后，德国学者弗里德里希·奥古斯特·沃尔夫（1759—1824）根据当时新近出版的一份重要的拜占庭手稿"甲抄本"（Venetus A）里的评注，严谨地提出了"荷马问题"。他认为，荷马史诗以早期的口头创作为基础，经由古代人编辑和修订而成。沃尔夫于1795年出版《荷马绪论》，认为研究文本的历史比认定诗歌作者的身份更重要：沃尔夫钦佩亚历山大图书馆学者们的评注工作，认为现代语言学家可以做得更出色。鉴于他表达了对语言学进步的强烈愿望，我们可以理解他在《荷马绪论》中把古典学定义为一门现代学科。然而，就连沃尔夫也无法逃脱关于荷马的古老争论。歌德曾用一首尖酸刻薄的打油诗讽刺沃尔夫：

沃尔夫的荷马

古有七座城,争荷马故土;

"狼"① 把他撕碎,一城拾一骨。

且不说沃尔夫名字的双关性及诗中的一些不敬之意,歌德对沃尔夫的成就也表示怀疑。他认为荷马身份之争由来已久,史诗作者并非一人之说已是老生常谈。歌德本人是一位诗人,他主张将关注点放在荷马的诗歌上,而非围绕荷马史诗的学术争论,但事实上这两者密不可分。正如尼采于1869年在巴塞尔大学的就职演讲中指出的那样,"荷马作为《伊利亚特》和《奥德赛》的作者并不是一个传承的历史事实,而是一种美学判断"。

沃尔夫的《荷马绪论》启发了后来被称为"分析派"的学者,他们试图将荷马史诗的不同部分归于不同作者。而"统一派"学者坚持诗歌的艺术完整性,他们认为,这些诗歌在创作和意图上有明显的统一性,所以只能是同一位诗人的作品,即使民众对他知之甚少。在不同的形式和伪装下,这种争论持续存在。时至今日,一些古典学家将

---

① Wolf是沃尔夫的名字,该词在德语中有"狼"之意,歌德此处为双关用法,把沃尔夫比作狼。——译者注

《伊利亚特》和《奥德赛》视为一位（或两位）杰出诗人的作品，而另一些人则认为诗歌经历了一个漫长的创作过程，并在表演中被再创作。正因为"荷马问题"没有达成整体的共识，本书第二章和第三章将阐述有关诗歌创作的证据。第四章将讨论诗人在被归为他的作品里的声音。第五章至第七章将介绍《伊利亚特》，第八章至第十章则专门讨论《奥德赛》。总的来说，本书提供的解释认为尼采是正确的：围绕《伊利亚特》和《奥德赛》创作的争论与审美评价相互交织。

第二章

文本线索：荷马程式

在现代人听来，《伊利亚特》和《奥德赛》的内容异常重复：阿基琉斯[①]总是"捷足的"，尽管他在《伊利亚特》中的大部分时间都拒绝行动。黎明总被形容为"玫瑰色的手指"，而大海总是"葡萄酒色的"——诗中一点儿色调或气氛的变化都没有。我们该如何看待这些千篇一律的短语呢？它们能告诉我们关于诗歌创作的什么线索呢？这些短

[①] 文中提及《伊利亚特》的诗行参考版本为：荷马.荷马史诗·伊利亚特[M].罗念生，王焕生，译.北京：人民文学出版社，1994.文中提及《奥德赛》的诗行参考版本为：荷马.荷马史诗·奥德赛[M].王焕生，译.北京：人民文学出版社，1997.文中出现的人名与地名译法也参考此二版本。——译者注

语被称作"荷马程式",是"荷马问题"的重要证据。20世纪30年代,有关"荷马程式"功能的研究取得了决定性突破。当时年轻潇洒的美国学者米尔曼·帕里开始记录南斯拉夫的口头史诗表演。他和同事阿尔伯特·洛德一起,在波斯尼亚的咖啡馆里度过了许多个日夜,聆听不识字的史诗歌手演唱,并记录他们的表演(见图3)。通过系统研究歌手们的技艺,帕里证明,他们依靠一套复杂的程式系统,帮助自己按照特定的史诗节奏描述人物、地点、动作和场景,而不必在表演过程中花太多时间考虑合适的表达方式。帕

图3 1933年,米尔曼·帕里的助手尼古拉·武伊诺维奇(图左)与歌手萨利·乌格理亚宁在一起。他们的表演及其他南斯拉夫歌手的表演,对重建荷马史诗创作的技艺至关重要

里还能证明，荷马史诗的创作使用了同样的技法。

在古希腊传统中，每行史诗都由6个单元组成，因此被称为"六步格"，字面意思是"6个节拍"。每个单元（较短的最后一个单元除外）包括一个长音节（用横线 — 表示）和两个短音节（用∪ ∪表示），两个短音节也可以用第二个长音节代替。帕里指出，如果一位史诗歌手想说"阿基琉斯"，那他可以选择不同的程式，每个程式都是为了在诗行中占用不同数量的节拍。根据需要的长度，他可以说"阿基琉斯"、"闪耀的阿基琉斯"、"捷足的阿基琉斯"或"捷足的、闪耀的阿基琉斯"，从而结束这行诗。然后歌手调整呼吸，整理思路，开始唱下一行诗歌。当阿基琉斯是诗句的主题时，程式系统如下：

— ∪ ∪ | — ∪ ∪ | — ∪ ∪ | — ∪ ∪ | — ∪ ∪ | — ∪

— ∪ ∪ | — ∪ ∪ | — ∪ ∪ | — ∪ ∪ | dios　　Achilleus
　　　　　　　　　　　　　　　　闪耀的　　阿基琉斯

— ∪ ∪ | — ∪ ∪ | — ∪ ∪ | — podas okys　　Achilleus
　　　　　　　　　　　　捷足的　　　　阿基琉斯

— ∪ ∪ | — ∪ ∪ | — ∪ podarkes　　dios　　Achilleus
　　　　　　　　　　捷足的　　闪耀的　　阿基琉斯

歌手选择一个程式并不是因为阿基琉斯在所描述的情况下是闪耀的而非捷足的，只是因为歌手需要满足有特定格律形式的程式。帕里证明了荷马史诗和南斯拉夫史诗的"程式化经济"原则：在每个传统中，往往有一个程式对应一个特定的格律需求。如果某位古希腊歌手需要填两个节拍，他一定会说"闪耀的阿基琉斯"，而没有其他相同长度的程式可用。帕里对程式系统进行了许多详细的分析，展示了不同的表达方式在不同的语法格中如何变化，以及如何涵盖不同数量的音节。他认为，这些系统经过一代代人的磨砺，为演出现场迅速而准确地构筑诗行提供了方法。

遗憾的是，米尔曼·帕里英年早逝，我们永远不知道，如果他继续该研究，还能提出哪些见解。幸运的是，他的朋友兼同事阿尔伯特·洛德进一步发展了他的比较方法。洛德认为史诗歌手还会使用一些更大的预制结构，他沿用帕里的术语，称之为"主题"，而它如今更常被称为"类型场景"。这是由沃尔特·阿伦德（20世纪30年代的另一位重要学者）提出的。

当史诗歌手需要描述战斗、宴会、航行或其他任何事物时，他们会遵循预先建立的模式，还可以根据正在演唱的故事的即时需求，以及需要取悦的观众，对这些模式进行缩短、扩展和其他调整。比如，两个战士之间的战斗场景通常以描述每位战士的情况开始——包括背景信息，有时还会使用比喻——接着是互相威胁，继而开始第一次攻击。又比如，当一名战士即将被对手杀死时，他有时会进行最后的乞求——这种仪式在非战斗情境下也出现过，史诗中对此有很好的编纂。乞求场景的基本结构分为三部分：首先是乞求者走近，然后他或她触摸被乞求者的膝盖和下巴，之后发表演讲，提出请求和补偿。对上述类型场景的描述往往听起来很死板，但从后面的例子中，我们能看出，它们在史诗中的使用灵活而老练。实际上，不存在个别事例偏离标准模式的情况，因为根本就没有"标准"模式，只有灵活变化的通用结构。史诗歌手们会互相传授他们的技艺构件，但我们作为观众和读者体验的是细致入微的史诗故事。

帕里和洛德并没有证明《伊利亚特》和《奥德赛》是"口头诗歌"（毕竟，我们今天看到的是书面文本），但却证明了荷马史诗源于一个悠久而复杂的口头创作传统，包括在表演中的再创作。至于书写技术从中发挥了什么作用，哪怕只有一点点，仍然是一个悬而未决的问题。洛德认为，

《伊利亚特》和《奥德赛》创作于从口述到书写的过渡时期。当时，一位出众的史诗诗人虽然完全口述作诗，却意识到书写的潜力，遂将《伊利亚特》口述给缮写员。简而言之，洛德想象荷马的创作方式与他和帕里记录的歌手的创作方式大致相同。然而，具有这种确切的对应关系似乎不太可能。总的来说，在处理"荷马问题"时，使用比较论证的问题在于我们能在多大范围内进行比较。南斯拉夫歌手面对的是拥有最先进的录音设备、信心满满且受过哈佛大学教育的学者，这些学者决意解决一个历史问题。歌手们被要求以录音和转录为目的进行表演，而且要创作长篇史诗，以符合荷马史诗的原型。古希腊的条件肯定是大不相同的。

诚然，希腊字母的出现与《伊利亚特》和《奥德赛》形成的时间差不多（参见第三章），但那时的人怎么会像帕里和洛德一样，对这项技术在文学史上的重要性有如此清晰的认识？因此，似乎不如承认我们对《伊利亚特》和《奥德赛》的创作过程知之甚少，它们复杂的创作可能既涉及口述又涉及书写，而我们已无法具体重建这些过程。

我们能确定的是，口头创作的技术对荷马史诗产生了根本性的影响。因此，我们需要了解口头技术是如何实现

第二章　文本线索：荷马程式　　015

的——不仅是为了重建诗歌的创作方式，也是为了诠释诗歌。帕里对自己的见解于荷马史诗美学欣赏的重要性持悲观态度。他认为，程式在语篇中没有特殊的含义，观众对它们"无感"，也许它们最好不要被翻译。简而言之，他把它们当作创作的工具——语言的史诗构件，助力歌手按照六步格的节奏表演，但没有更深一层的诗歌功能。然而，今天来看，他的观点似乎过于简化了。程式并不等同于器乐间奏、一点儿哼唱或其他形式的格律"填充"——它们是词语，通过其含义和节奏特质影响观众。

　　许多程式并不引人注目。例如，人物常常被称为"闪耀的"，其他几种固定的表达也传递了明亮的感觉。它们产生了一种整体的光泽或抛光效果，让史诗的世界熠熠生辉。还有的程式只描述单个人物。例如，唯有阿基琉斯被称为"捷足的"，这告诉我们，人们对他和他的行为有所期望，无论他是否达到了此种期望。最重要的几个写到他的故事都与他敏捷的双足有关：例如，在《伊利亚特》的结尾，阿基琉斯追击赫克托尔直至其死亡，这是整部史诗中最令人难忘的情节之一（参见第七章）。有时，"捷足的阿基琉斯"这一程式符合其使用场景，但更多时候，它对阿基琉斯的描述与阿基琉斯正在做的事情不一致，毕竟，在《伊利亚特》的大部分篇章中，捷足的阿基琉斯拒绝行动。史诗中传统的程式表达有助于引人关注事物理应如何发展，并衡量其与实际情况的差距。例如，当阿基琉斯拒绝参战追击敌人时，我们知道故事到这里会急转直下，因为他与自己的专属程式背道而驰了。

《伊利亚特》作为一首洞察力超凡的诗歌，脱颖而出的表现之一在于它对其程式化语言的内涵进行了反思。例如，当阿基琉斯最终起身奔跑（追击伪装成凡人的阿波罗）时，天神阿波罗提醒他，即便他步伐矫捷，速度仍然有限：

> "佩琉斯之子，你为何这样快腿追赶我，
> 一个有死的凡人追赶不朽的神明？
> 显然你没认出我是神，才这样追赶。"
> …………
> 捷足的阿基琉斯无比愤怒地回答说：
> "射神，最最恶毒的神明，你欺骗了我
> …………
> 倘若有可能，这笔账我定要跟你清算。"

诗人详尽地阐述阿基琉斯的专属程式，提请人们注意

他作为人的局限性：阿基琉斯的无能、徒劳的愤怒，以及迫在眉睫的死亡，都被记录在这位捷足的英雄与速度胜过他的天神阿波罗简短的对话中。

当然，程式和类型场景的使用在荷马史诗中还有其他更轻松的方式。例如，在《奥德赛》第六卷中，我们遇到了一个前所未有的情况，任何传统的类型场景都不太能套用。奥德修斯刚刚遭遇海难，赤身裸体、精疲力竭地睡在一个未知之地的灌木丛中。当地的一位公主瑙西卡在附近洗完衣服，正和侍女们玩抛球游戏。当球落入水中时，女孩们尖叫起来，吵醒了奥德修斯。他很快意识到，自己需要接近这些女孩，向她们寻求帮助——确实，奥德修斯此时疲惫不堪又饥肠辘辘，能否生存全取决于她们的意愿。问题是，以他目前的状况，不太可能给人留下好印象。诗人巧妙地调整了《伊利亚特》中战斗场景的结构，以描述奥德修斯的困境。我们的英雄穿上（某种意义上的）"盔甲"，然后走出去面对女孩们，看起来像一头凶猛的狮子，最后开口向瑙西卡公主说：

> 神样的奥德修斯匍匐出丛林，
> 伸手从浓密的树丛折下绿叶茂盛的

茁壮树枝，遮住英雄裸露的身体。
他向前走去，有如生长荒野的狮子，
心里充满勇气，任凭风吹和雨淋，
双目眈眈如烈火，走进牛群或羊群，
或者山野的鹿群，饥饿迫使它去袭击
羊群以果腹，甚至进入坚固的栏圈。
奥德修斯也这样走向美发的少女们，
不顾裸露的身体，情势逼迫不得已。
他浑身被海水染污，令少女们惊恐不迭，
个个颤抖着沿突出的海岸四散逃窜。
唯有阿尔基诺奥斯的女儿留下，雅典娜
把勇气灌进她心灵，从四肢驱除恐惧。
公主在对面站定，奥德修斯不禁思忖，
是抱住美丽的姑娘，以双膝的名义请求，
还是远远地这样站定，用温和的语言
真切地恳告，请求指点城市赠衣穿。

奥德修斯向前迈进，"心里充满勇气"，这是荷马史诗中典型的战场形象。瑙西卡则准备依靠雅典娜唤起的"勇气"，"在对面站定"。这些具有武装色彩的描述表达了此情此景的某些特点：犹如《伊利亚特》中的一名战士，奥德修斯处于致命的危险中，如果想活命，就必须将这场会面转化为于己有利的状态。但在一些方面，传统的战场用语套用到此处并不合适，甚至会显得滑稽：奥德修斯，这位伟大的战士，现在已经准备好"走向美发的少女们"，身体只用一根"绿叶茂盛的茁壮树枝"勉强遮盖。

奥德修斯必须想法子说服年轻的瑙西卡，让她觉得没有什么好怕的，但当你看起来像一头饿极的狮子时，很难让人不心生恐惧（见图4）。其他女孩戏剧性的逃亡增加了奥德修斯失败的可能性，迫使他考虑以乞求作为最后的手段。在《伊利亚特》中，被击败的战士在向对手乞求时处于绝对弱势的地位。在这里，奥德修斯再三思量如何向瑙西卡乞求，因为，与传统的艺术方式所达到的效果相反，他看起来十分强壮，因此担心触摸她的膝盖可能会进一步加剧问题。最后，他决定依照自己的目的调整传统的乞求场景：他以乞求者的身份发言，但保持距离。与奥德修斯一样，诗人创作《奥德赛》时知道如何使用传统模式达到目的：他描绘了一个后《伊利亚特》世界，在这里，要想生存就要学会适应——所以诗人调整了传统的战场程式，使其适应这个新故事。

图 4 描绘奥德修斯和瑙西卡的雅典杯,公元前 5 世纪。杯子的另一面描绘了俄狄浦斯和斯芬克斯之间的相遇——英雄必须运用智慧应对女性对话者的另一场景①

---

① 在希腊神话中,斯芬克斯是美女头、狮子身、背上有鸟翼的女妖。她蹲在悬崖上拦路,让人猜谜,猜中则放行,猜不中则将人撕碎吃掉,危害人间。俄狄浦斯睿智地解开了斯芬克斯的谜题,致其羞愤地跳崖身亡。——译者注

史诗程式和类型场景并不能从所有方面回答"荷马问题",但由于它们构成了荷马史诗的习语,我们就需要理解它们,以便诠释《伊利亚特》和《奥德赛》。它们对我们理解诗歌创作中所使用的不寻常的语言也至关重要。荷马史诗的希腊语是多种不同方言的人工混合体,它异常丰富,从未被任何现实生活中的社群使用,而是为了以六步格的节奏歌颂神和人的事迹而发展起来。这种语言所受的主要影响来自伊奥尼亚方言,但也有浓厚的伊欧里斯语成分。语言学家还确定了其他影响,包括一些阿提卡元素,尽管这些主要涉及拼写问题。语言学家由此证实了这些影响来自雅典书面文本,而非早期雅典人对史诗的咬字发音。初读希腊文诗歌的学生往往对于表达简单词语(如"曾经"或"将要")的多种方式感到困惑,在古代亦是如此,那时的学者们称荷马掌握了"所有方言"。有些形式似乎较新,有些则非常古老,甚至可能还有迈锡尼时代的希腊语残迹,该种语言使用于公元前2000年。总的来说,这些形式似乎有一个共同的目的:为以六步格的节奏创作诗歌提供有效的节律选择。它们作为一套完善的程式系统的一部分存在着。

荷马的希腊语证实在表演中存在悠久的史诗创作传统,

同时也提供了更多关于荷马史诗形成的地点与时间的具体线索。显著的伊奥尼亚色彩和不可忽视的伊欧里斯痕迹准确地指向了古代传说中荷马可能生活的地区：土耳其西部的海岸和邻近的古希腊岛屿。诗中其他微小的细节似乎也证实了这一点：例如，在一个不起眼的比喻中，诗人提到了土耳其西部一条特定的河流，似乎期望他的观众熟悉聚集在河岸边庞大而多样的鸟群。诗人对古希腊其他地区的了解显得更加模糊，我将在第三章中对此进行说明。

语言学分析还有助于确定《伊利亚特》和《奥德赛》创作的年代，至少可与归于荷马的其他古代诗歌进行比较。这两部史诗看起来不仅篇幅最长且最受推崇，从语言学角度看，也是最古老的。其他诗歌显示了更多的新形式，表明它们是后来创作的，或者与《伊利亚特》和《奥德赛》相比，它们在更长的时间里处于一种流动状态，容许语言的变化和创新。可问题是，基于语言的论证不能得出确切的时间。我们可以重新构筑语言变化的顺序（即哪些形式出现更早、哪些更晚，以判断哪些诗歌听起来更古老），但无法确定这些变化发生的时间。为了探究《伊利亚特》和《奥德赛》确切的创作时间，我们有必要参考考古学证据。

第三章

史料线索：英雄世界的真实性

荷马史诗的"考古学之父"海因里希·施里曼（1822—1890）是一个张扬的人物，他与学术机构的联系甚微。在专业的批评家剖析荷马史诗，试图找出不同作者和创作层次之时，施里曼在着手证明特洛伊战争的真实性。施里曼是一位新教牧师的儿子，年轻时接受过一些古典教育。其父后来因挪用教会资金被抓，于是他不得不离开正规教育机构，开始独立谋生。他当过杂货店学徒、船舱服务生、簿记员，后到俄罗斯做进出口代理商。正是这最后一份工作，最终为他积累了非常可观的资本。

施里曼先是加入加州淘金大军数月（直到罗斯柴尔

德家族的一位代理人抱怨货物缺斤少两），后在克里米亚战争期间成为军事承包商，之后，他终于可以全力投身于一个如他后来所说，自幼就怀抱的雄心壮志：探寻古特洛伊遗迹，证明它是一座真正存在过的城市。令人惊讶的是，他真的做到了：施里曼在土耳其的希沙利克进行考古挖掘，发现了一座壮观的防御堡垒。他凿通不同的考古层，一挖到底，发现了宝藏。他年轻的希腊妻子佩戴着古代珠宝的照片成为他远征的象征，令世人震惊（见图5）。

图5　索菲亚·施里曼佩戴着丈夫在古特洛伊遗址发现的珍宝，1874年左右

古典主义专家对此的反应则明显冷静得多。当时最具影响力的语言学家乌尔里希·冯·维拉莫维茨-默伦多夫在1906年发表了自己的观点：

> 海因里希·施里曼在希腊城市伊利昂①的土地上翻找，毫无语言学或历史学的学识基础，被天真的信念驱使，认为荷马史诗中的一切都是真实存在的……世界为他的发现喝彩，这情有可原；公众缺乏历史学识，误以为真金白银可以证明荷马史诗叙述的真实性，这可以原谅……对这种事情，人们不会大肆抨击，但也不会把它当回事儿。

施里曼坚持认为，发现特洛伊一直是自己儿时的志向，而维拉莫维茨则主张其发现不过是儿戏。事实上，施里曼对荷马史诗的学术研究做出了决定性的贡献，虽然诗歌和考古学之间的关系比他想的更复杂。

希沙利克的遗迹，以及在希腊大陆迈锡尼和梯林斯的进一步发掘（施里曼也参与了指导），证实了公元前1 000

---

① 伊利昂为罗马帝国时期特洛伊城的官方名称。——译者注

多年雄伟壮观的文明曾在此繁荣，其中一些地点在荷马史诗中占据重要地位。此外，在迈锡尼、皮洛斯和其他几个公元前1 000多年的遗址中，人们发现了带有线形文字B的石板，这证明那个时期的人已经掌握书写技术。公元前12世纪，迈锡尼文明突然崩溃（原因至今不明），接踵而至的是一段很长的衰落时期，即古希腊所谓的"黑暗时代"。直到公元前8世纪，古希腊才重获繁荣：接下来的两个世纪见证了人口的急剧增长，城邦的兴起，第一批神殿和神像的建造，旅游和贸易的大幅增长，新殖民地的建立，人们从黎凡特重新引入了文字（线形文字B的相关知识已在黑暗时代湮灭）。

问题在于荷马史诗在这些重大历史变革中处于什么地位。麦克尔·文屈斯和约翰·查德威克于20世纪50年代破译了线形文字B，古典学家们曾希望能找到荷马史诗的早期版本——至少也应有以六步格韵律记录的神与人的故事。然而，迈锡尼的石板却没有这类记载。根据现有的证据，线形文字B主要用来记录据实的清单和库存。不过，即便是这些青铜时代的行政文件，似乎也表明了与荷马史诗的某些联系。例如，来自皮洛斯的石板显示，对海神波塞冬的崇拜在当地尤为普遍，而《奥德赛》也传达了同样的内容。

即使《伊利亚特》与《奥德赛》可能有一些迈锡尼语言和文化的痕迹，这两部史诗肯定也创作于黑暗时代之后。史诗中提及例如神殿和神像的物质环境、叙事艺术，还有从色雷斯延伸到腓尼基和埃及的世界知识，都是公元前8世纪末或公元前7世纪初之前没有出现的。这就得出了一个年代下限：史诗的创作时间不可能比公元前700年早太多。更棘手的是，诗歌中故事发生的背景时代要比这早得多。

即使在荷马史诗最早期的受众看来，特洛伊战争也属于遥远的过去，在那里战斗的英雄们从某种程度上看起来完全是一个不同的种族：他们更强壮，更接近神，但同时在一些方面又更原始，容易陷入极端情绪，也缺乏社会凝聚力。古代的希腊公众崇拜这些英雄，在他们的坟墓前献祭，希望得到他们的帮助和保护。事实上，在公元前8世纪和公元前7世纪，英雄崇拜与史诗并行发展：对令人敬畏的古代陵墓遗址的拜谒活动与大量关于特洛伊战争的故事同时出现。

在《伊利亚特》中，我们被告知英雄们可以轻易地投掷"两个人也举不起来"的巨石。英雄的饮食（一个令古代荷马史诗学者着迷的话题）也使他们与众不同：英雄们似乎完全以肉食为主，而在现实生活中，古希腊人的饮食却以豆类、水果和蔬菜为主。农业提供了人们日常所吃的食物；红肉主要在宗教节日时食用，当大型动物被献祭时，人们会立即将其吃掉，以免肉类变质。简而言之，英雄们每天吃的东西是荷马史诗的受众在宗教仪式上才有福享受的。

荷马史诗中使用的比喻也体现了英雄的世界与诗人及其受众所熟悉的世界之间的微妙差异。例如，埃阿斯不情不愿地缓慢退出战场，就像一头驴子被孩子们挥棒赶出玉米地；雅典娜挡开即将射向墨涅拉俄斯的箭，"就像一个母亲在孩子甜蜜地熟睡时赶走苍蝇"；奥德修斯外衣的材质像洋葱皮一样，透薄且有光泽。比喻中的世界往往比本体叙事中描述的世界更普通，但技术上却更先进。

我们继续说饮食的话题，捕鱼就是一个很好的例子。《伊利亚特》中没有人吃鱼，《奥德赛》中只有一次，还是为了不被饿死，万不得已而为。然而，几个比喻揭示了在诗人所处的世界里，捕鱼不仅是日常活动，而且涉及精湛的技术。事实上，这些比喻经常被用来描述技术性的问题：屋顶是如何用联锁梁建成的？如何给银器镀金？象牙制的衔口如何染成紫色？诗歌中的这类比喻表现出诗人对大众技能的浓厚兴趣。相比之下，英雄们往往像自然之力，像野生动物——例如狮子和野猪，威胁着人类耕作。如此便给人这样一种感觉，英雄比普通人更强大，但在比喻中，对于诗人明显致敬的那些技术性活动，英雄们却没有足够的耐心或安宁去实践。

荷马史诗中的一些段落明确地评论了自英雄们在特洛伊作战以来，事情发生了怎样的变化。例如，在《伊利亚特》第十二卷的开头，诗人坚持说"阿开奥斯人"[①]（即希腊联军）在其营地周围建造的围墙已经不复存在。在这段文字中，他甚至称在特洛伊战斗中阵亡的战士们为"半神的种族"，强调他们的超凡地位。《伊利亚特》的后面部分简短地提及宙斯之子、半人半神萨尔珀冬死后被埋在吕基亚，等待他的是众人对英雄的崇拜。诗歌中还有其他一些英雄崇拜的模糊暗示，但都很罕见——考虑到古希腊的英雄崇拜如此突出，这一点起初令人十分惊讶。似乎荷马史诗并没有强调英雄死后获得的巨大荣誉，而是戏剧性地描

[①] 阿开奥斯人，也称"阿尔戈斯人"，是对古代希腊人的称呼之一。在古希腊文学中，特别是在《伊利亚特》中，"阿开奥斯人"一词经常用来指代参加特洛伊战争的希腊联军。——译者注

述了他们面对死亡时有多么艰难。

遗迹是英雄的世界与荷马史诗受众的世界之间最切实的联系。在公元前8世纪和公元前7世纪,人们可以清楚地看到特洛伊、迈锡尼,以及其他公元前1 000多年壮观的防御工事遗址,这证实了一个更伟大的时代、一个过去的文明存在过,那时人们确实有能力用大量的巨石进行筑造。尤其是特洛伊,它的位置非常靠近传统上认为与荷马出生有关的地方,也是我们已知的史诗措辞的发源地,这不可能是巧合,一定是那里的遗迹孕育了宏伟的诗篇(见图6)。

图6 特洛伊城墙,公元前1200年左右。在《伊利亚特》创作之时,即公元前700年左右,这些壮观的遗迹诉说了一个更古老、更宏伟的时代

《伊利亚特》和《奥德赛》讲述了遥远且神秘的过去——即使在其最早的观众看来也是如此——但故事情节却设置在一个真实的、可辨识的场景中。这并不代表荷马史诗中的所有地点都能在地图上标注出来。奥德修斯在返乡途中,从马莱阿角被吹离航线,直到他在伊萨卡岛醒来。想要追踪这段旅程并非易事,尽管许多古代和现代读者都试图找到答案。罗马人坚持认为他到过西西里岛和意大利本土。正是在这一段旅程中,奥德修斯遇到了一些最不可思议的人,这绝非巧合:住在充斥着风的城堡里的风神埃俄罗斯;独眼巨人波吕斐摩斯;将奥德修斯的同伴都变成猪的女巫喀耳刻;阴暗地府的亡灵;塞壬;女妖斯库拉和卡律布狄斯;海之女神卡吕普索;费阿刻斯人,他们最终提出用他们的神奇船只带奥德修斯回家,船只"靠自己的智慧引导航线,从未遭遇船难"。

伊萨卡岛的情况则不同:它显然是一个真实存在的地方,位于希腊西海岸,但荷马史诗中的描述与当地的实际情况不太相符。根据荷马所言,伊萨卡岛是"所有朝向西方的岛屿中最远的一个",而现代的伊萨卡岛却不是。荷马提到了四个岛屿(萨梅、伊萨卡、杜利基昂、扎金索斯),而现代的地图只标识了三个岛(凯法利尼亚、伊萨卡、扎金索斯）。学者们努力将荷马史诗中的伊萨卡岛与该地区的地理环境联系起来，比如，他们认为奥德修斯所在的岛可能是现代的凯法利尼亚岛，而非伊萨卡岛，并用曾发生多次地震来解释荷马史诗的描述与当地景观之间的差异。但也许更合理的假设是，在早期史诗受众的脑海中，希腊西部的轮廓模糊不清。毕竟，正如我们已经知道的那样，荷马史诗起源于伊奥尼亚，离西部有数百英里[①]。同样明显的是，叙事的需要及史诗的创作与再创作，都在一定程度上塑造了荷马史诗的景观（例如，某个形容词可能被改为一个地名，以及其他类似的变化）。

关于荷马史诗中景观的类似考虑也适用于史诗中的荷马社会：在现实生活中，从来没有哪个群体像史诗中描述的人们那样生活。《伊利亚特》和《奥德赛》揭示了古希腊人如何想象过去的伟大英雄。那些英雄比"今天这样的人"强壮得多，但更爱争吵，也更加自私。正如《伊利亚特》的开篇所表明的那样，当阿基琉斯与远征特洛伊的希腊军队领袖阿伽门农因一个女奴的所有权发生争执时，他决定给希腊人（也就是他本应与之共同作战的希腊将士）

---

① 1英里约为1.6千米。——编者注

造成无数痛苦，以此来证明自己的价值。奥德修斯没能救下任何一个同他一起到特洛伊作战的部下，当他最终回到家时，他似乎决意要发动一场内战。历史学家指出，在公元前1000年早期，权力是分散的，领导者之间常常发生冲突。然而，公元前7世纪快速的社会变化与政治变化（我们可追溯到那时不断扩大的社区、新的定居点、不断发展的贸易和旅游）也对诗歌中权力的探索提供了适当的背景。

这里的主要观点是，没有任何解释能指向荷马史诗的创作一定是为了哪些原始受众、哪种历史背景或特定的政治议程。像阿伽门农这样有缺陷的领导人总是受人关注的，而阿基琉斯这样批评权威的人也是如此。至于奥德修斯，这位技艺高超的幸存者，他在人类的思想中航行了近3 000年。简而言之，《伊利亚特》和《奥德赛》讲述的故事具有普遍的吸引力，因此很难确定诗人最初创作它们的原因，以及为谁而创作。

由于诗歌的背景设在遥远的过去，诗中对史诗表演的描述不能作为荷马史诗本身创作和传播方式的直接证据。《奥德赛》描绘了两位职业歌手：盲吟游诗人得摩多科斯，他在费阿刻斯人的宫廷里招待了奥德修斯；菲米乌斯，他唱歌以取悦伊萨卡岛的求婚者们。他们的曲目与《伊利亚特》和《奥德赛》中探讨的事件与主题相关：得摩多科斯讲述了阿基琉斯与奥德修斯之间的争吵，还有阿瑞斯和阿佛洛狄忒的爱情故事，最后（应奥德修斯的要求）是特洛伊木马，这是奥德修斯为赢得战争而亲自策划的一出妙计。菲米乌斯所唱描述的是希腊军队从特洛伊归来的旅程。这个话题让珀涅罗珀感到痛苦，因为她的丈夫仍然下落不明，但忒勒马科斯可以接受，他说，因为"人们赞美最新的歌曲"。这样看来，《奥德赛》中的史诗表演似乎都是晚餐时的即兴演唱，它们可能反映了史诗的早期起源（贵族聚会上偶尔的娱乐活动），但并未提供关于荷马史诗本身如何创作或为何创作的具体线索。

《伊利亚特》长达15 000多行，从头到尾表演下来大约要花上整整三天（或整整三晚）。《奥德赛》的篇幅几乎相同。这些不朽的史诗必定是为了反复表演而创作的，它们当然不会依赖那些总是赞美"最新歌曲"的人，因为创作、表演和接受它们所下的功夫太大了，如果只能体验一次，那是不合理的。简而言之，这些诗歌需要投入和组织。一定要有某种形式的机构支持，以便在歌手长时间的吟诵期间安排休息时间，确保充足的食物供应，并提供其他设施。

正如《奥德赛》中描述的偶尔的表演与归于荷马的不朽史诗之间存在差异一样,写作技术在创作诗歌的时代必然比在描述诗歌的时代更为重要。在荷马史诗中,只有一处提到了书写或与之类似的东西。《伊利亚特》讲述了英俊的柏勒洛丰的故事。一位已婚妇女试图勾引他,但却遭到了他的拒绝。女人羞愤难当,对丈夫抱怨说柏勒洛丰想与她发生关系,要求将他处死:

> ……国王[①]听了怒不可遏,
> 他心里有所畏惧,避免亲手杀人;
> 就把他送往吕基亚,把恶毒的书信交给他,
> 他在折叠的蜡版上写下致命的话语,
> 叫他把蜡版交给岳父,使他送命。

无论蜡版上的这些符号是什么(也许是一种文字,也许是一种特别的编码,又或是某种图画),反正绝不是什么好东西。虽然柏勒洛丰到达吕基亚后,避开了杀

[①] 普罗托斯国王为该已婚妇女安特亚的丈夫。——译者注

身之祸，但试图以书写的方式杀人绝非真正的英雄行为。在《伊利亚特》中，书写被描绘成一种狡猾的伎俩，但关于英雄时代何为正当行为的思想，并不一定适用于诗歌形成的时代。

某个时期必定存在书写技术（否则我们现在就不会看到这些诗歌了）。黑暗时代之后，公元前8世纪下半叶，古希腊采用了一种基于西闪米特文字的字母文字。人们在那不勒斯海岸附近的伊斯基亚岛上发现了一只不起眼的陶土杯（可追溯到公元前740年—公元前720年左右），它为荷马史诗提供了重要证据（见图7）。杯子侧面刻有几行诗句，骄傲地自称"涅斯托耳之杯……"

在《伊利亚特》中，涅斯托耳拥有一只神奇的杯子，由纯金打造而成，只有强壮如他才能举起这只杯子（这是一个令古代和现代读者困惑不解的细节，因为涅斯托耳在《伊利亚特》中已上年纪，并且不是希腊人中最强壮的）。在伊斯基亚岛发现的这只普通的陶土器皿与《伊利亚特》中著名的涅斯托耳之杯没有任何相似之处，但杯上的铭文很可能是对史诗或其他有关大名鼎鼎的涅斯托耳和他的杯子的史诗故事的戏谑引用。铭文极其规整地排列，可让人看出它是写在纸莎草纸或皮革上的史诗文本，尽管这样的

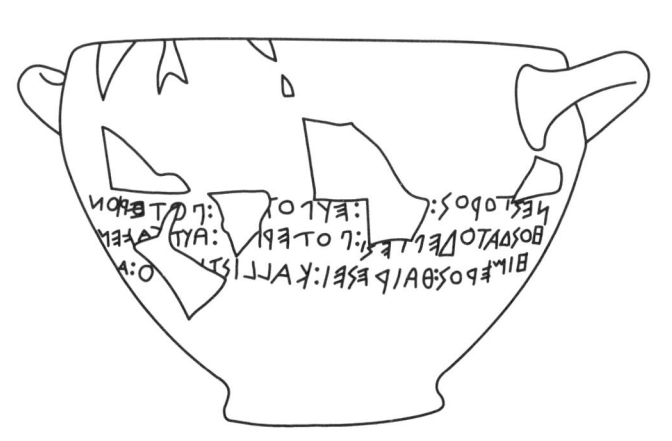

图 7 "涅斯托耳之杯"及其铭文的线条图(公元前 740 年—公元前 720 年左右)。在那不勒斯海岸附近的伊斯基亚岛发现的这只杯子,其上刻有最早的希腊字母。文字可能暗指著名的涅斯托耳之杯——在《伊利亚特》中有过描述

文本（如果存在）不一定是《伊利亚特》或《奥德赛》中的文本。一些学者推测，书写技术被引入古希腊正是为了记录荷马史诗，但暂无证据可以证明这一点。事实上，这种说法似乎不太可能成立（西闪米特文字有明显的实际应用，例如在贸易行业），而且来自伊斯基亚岛的这只杯子的制作年代很可能早于我们的史诗。

即使是《伊利亚特》和《奥德赛》或已成文的年代，人们所听到的都还是口头吟诵。我们知道，公元前6世纪，暴君庇西特拉图或他的某个儿子曾下令，在最重要的城邦节日泛雅典娜节上，必须按照正确的顺序完整地背诵荷马史诗。那时肯定已经有了书写文本来为这项任务提供便利。我们还知道，公元前520年左右，意大利南部利基翁的亚根尼正在撰写关于荷马的文章：如果存在关于荷马的文本，那么合理推测也应该存在他诗歌的文本。尽管如此，我们的资料仍然强调表演而非写作：古希腊人关注的是被称为荷马史诗吟诵者的专业艺人，他们会在希腊语世界的泛雅典娜节和其他许多城邦节日上吟诵荷马史诗。史料可证实，到古代晚期，这些诗歌就已广泛传播。在众多地方发现的古希腊花瓶展示了受《伊利亚特》和《奥德赛》启发而创作的绘画，它们与更一般化的史诗主题形成了对比。

它们连同现存发现的最早的其他诗人作品中对荷马的引用和提及，为《伊利亚特》和《奥德赛》提供了一个时间界点：到公元前 6 世纪晚期，这两首诗歌在整个希腊语世界已广为人知。

第四章

诗中的诗人：谁是真正的创作者？

如前所述，是谁创作了《伊利亚特》和《奥德赛》？一个人抑或一群人？我们对此毫无头绪。然而，从史诗诗行中，我们可以清楚地听到叙述者的声音。这个声音关乎古代的观众和读者对传说中的"荷马"的看法。时至今日，这个声音仍然至关重要，不是因为它揭示了诗歌的实际创作者，而是因为它成了叙事的特点。

《伊利亚特》以一句命令开篇："女神啊，请歌唱佩琉斯之子阿基琉斯的致命的愤怒。"女神们显然遵从了这个命令，因为我们随后听到的这首歌正是关于阿基琉斯的愤怒的。在开场的召唤之后，诗人与女神齐声歌唱，再无可能区分二者的声音。然而，到了情节的高潮，诗人好似与女神断了联系，我们再次听到他在请求帮助。在第二卷冗长的"战船目录"之前，诗人略做停顿，思考他现在要传递的重要信息，即罗列希腊军中所有将领和他们的军队：

> 居住在奥林波斯山上的女神啊，
> 你们是天神，当时在场，知道一切，
> 我们听到的则是传闻，不知情；请告诉我们，
> 谁是达那奥斯人①的将领，谁是主上。

此处，诗人在天神与凡人之间画出清晰的界线：女神们（"你们"）总是在场，并且无所不知，而诗人和他的听众（"我们"）最多只能听到一些真假难辨的只言片语。我将 kleos 这个单词译为"传闻"，是为了保留它在听觉上的特质及对真相的不确定性，这个希腊词语的字面意思为"被听到的东西"，也有"名声"之意，有时特指"史诗"。不同于"听到"，在希腊语中，动词"知道"与动词

---

① 在古代希腊文学中，尤其是在《伊利亚特》中，"达那奥斯人"常用来指代参加特洛伊战争的希腊联军。——译者注

"看见"的词根相同。这一召唤将神性置于人性之上,将无所不在置于遥不可及之上,将所见置于所闻之上,将无所不知置于一无所知之上。令人惊讶的是,叙述至此,诗人站在他的观众这边,请求倾听女神们歌唱。然而,很快,他就换了一边,和女神们站在一起,展示他所看到的一切——正如我将在后文讨论的,那是一幅非凡的全景图。

《奥德赛》也以一句命令开篇:"请为我述说,缪斯啊,那位机敏的英雄,在摧毁特洛伊的神圣城堡后又到处漂泊。"但随后,为了评判奥德修斯的德行,诗人略做阐述:他在返乡的途中失去了所有的同伴,但诗人告诉我们,这并不是他的错,是那些愚蠢的同伴吃了太阳神赫里奥斯的牛群,所以受到了惩罚。这番陈述令古代读者不解,有评注为证:"这里有一个问题。诗人为什么只提被太阳神摧毁的那艘船?"这确实是个好问题,因为只有一艘船的船员吃了太阳神的牛群,所以遭遇了船难。奥德修斯的大部分同伴都死于其他事件,责任并不总在他们。

在为主角辩护的同时,诗人还明确地反思了自己的艺术造诣及其与能力的关系。在《奥德赛》的开头,忒勒马科斯责备母亲,因为她试图改变在她家里表演的歌手菲米乌斯的曲目。后来,奥德修斯拜访费阿刻斯人时,称赞当地的吟游诗人得摩多科斯对在特洛伊发生的事情描述得很客观:据奥德修斯所言,他那般歌唱"仿佛自己经历过"。得摩多科斯是位盲人,并没有认出奥德修斯就是他故事的主角之一。正因如此,他才保证了叙述的客观性与真实性,没有不可告人的动机。(奥德修斯奖励得摩多科斯一块多汁的猪肉,但得摩多科斯并没有为了取悦前者而改编自己的歌曲。)古代读者认为得摩多科斯是一位自传体人物,认为荷马自己也是盲人。他们觉得以下这几句诗行既适用于荷马,也适用于这位吟游诗人:

> 缪斯宠爱他,给他幸福,也给他不幸,
> 夺取了他的视力,却让他甜美地歌唱。

诗歌的天赋在《奥德赛》中表现得既伟大又脆弱。在史诗的结尾,当奥德修斯报复求婚者和那些与他们厮混的人时,歌手菲米乌斯很担心自己的安危。他乞求宽恕,辩称自己拥有作诗的天赋,只是被求婚者逼迫才为他们歌唱。只要能被赦免,他愿意为奥德修斯歌唱,"就像为天神歌唱一样"。奥德修斯饶恕了他,这才有了第一部《奥德赛》,即第一首"关于奥德修斯的诗"。

这些简短的评论已经表明,《伊利亚特》和《奥德赛》中出现了两种截然不同的叙述风格。关于特洛伊的史诗呈现给我们的是清晰而客观的描述。相比之下,在《奥德赛》中,诗人的视角与奥德修斯的视角交织在一起,这是因为奥德修斯本人亲笔写下了第九卷至第十二卷的内容,"像吟游诗人一样"歌颂自己过去的英勇事迹。被称为"朗吉弩斯"的古代评论家认为,《伊利亚特》充满强烈且不妥协的想象,是诗人盛年之作,像"正午的太阳";《奥德赛》则是暮年之作,充斥着更多的猜测、疑惑与模棱两可,像落日。朗吉弩斯说,这首诗中没有那么多强烈的情绪,更多的是晦暗,以及"老者偏爱玄学的倾向"。撇开对荷马生平的猜测不谈,其叙述风格清晰地反映出主要人物的不同年龄与个性。

如果问故事是从什么视角讲述的,《伊利亚特》和《奥德赛》之间似乎也有区别。我们在《伊利亚特》中可以相当精准地确定叙述者在所讲述的事件中所处的位置。例如,当诗人说"左边"或"右边"时,他总是从固定位置观察战场上的行动:他背对大海,面朝平原和平原那边的特洛伊城。正如一位古代学者所言,弯曲的海岸线及靠岸的希腊船只,在他面前排列得"像个剧场"。当诗人用自己的声音说话时,"左"和"右"总是表明他是从同一个位置观看军事行动的。相比之下,当一个特洛伊人说话时,"右"和"左"则是颠倒的。尽管有些学者坚持认为诗人在叙述中对特洛伊人和希腊人的处理不偏不倚,但从字面上看,他确实站在希腊人的角度观战。他的位置锚定了叙事,使他,也使我们,能够清楚地了解行动的展开。根据文本中的精确指示,现在计算机已模拟出《伊利亚特》的作战场景,这展示了诗人对军事行动的视觉掌控能力。

诗人除了从通常的视角——盘旋于爱琴海上空,面朝特洛伊——描述战斗情况,还可以放大场景,描述微小的细节,例如,长矛如何刺穿敌人的额头,使脑浆飞溅。他能描述两匹马被树枝绊倒,然后拉回全景,以展示整个战场的混乱景象。当代读者经常指出荷马史诗的电影特质,然而,古代没有直升机,没有摄像机,也没有医疗探测器可以探入伤口,展示体内的损伤程度。对于古代的观众而言,诗人的视觉能力的确是非凡的。

在《伊利亚特》中,有两个场景精彩地展示了诗人勘测景观的能力,仿佛从上方俯瞰,放大并突出微小的细节:第二卷"战船目录"和第十八卷"阿基琉斯之盾"。

正如已经提到的,在"战船目录"的开头,诗人向女神们求助。然后,他开始罗列组成特洛伊远征队的所有军队的指挥官,并根据他们的原籍,在地理空间上排列目录。

诗人从奥立斯开始,那里是希腊人的舰队前往特洛伊之前集结的地方,并围绕这个起点螺旋式前进,以便列举从附近集结的队伍。第二个螺旋始于拉塞达埃蒙(古代斯巴达的别称),那是战争的发源地,因为海伦就是从那里被绑走的。第三个螺旋讲到希腊西部的埃利斯,诗人在那里画了另一条路线,包括伊萨卡和卡吕冬。在第四个螺旋中,诗人列出了爱琴海的队伍,然后转移到阿基琉斯的老家佛提亚,并在最后一个螺旋中列出附近的军队。

这份庞大的"战船目录"因此以阿基琉斯、他曾经的贡献和现在的缺席作为尾声:没有他,无论希腊人的舰队多么强大,都不可能成功。类似对景观的视觉控制也出现在接下来的"特洛伊人目录"中,该目录较短,列的是他们的盟友。当时没有谷歌地图,我们不禁想知道诗人是如何看到他所要描述的场景的。或许值得注意的是,众神的制高点——奥林波斯山,恰好位于古代希腊军队与特洛伊军队的分界线上:诸神居高临下,一定有与诗人相同的视野。

对"阿基琉斯之盾"的描述是诗人如何观察世界的又一例证,同样揭示了他超凡的洞察力。当帕特洛克罗斯重返战场时,阿基琉斯将自己的盔甲借给他,结果他在战场上被杀死,衣服被剥光,盔甲也丢了。阿基琉斯转而决定加入战斗,忒提斯为了帮助儿子,请求火神赫菲斯托斯为阿基琉斯锻造新武器。火神开工,诗人向我们展示了他的杰作。

赫菲斯托斯(和诗人)杰作的细节一直备受争议,但其总体设计似乎很清晰:盾牌为圆形,有几条同心的装饰带。设计的灵感可能来源于现实生活中的物品,如公元前8世纪到公元前7世纪腓尼基和塞浦路斯的银碗,但阿基琉斯的盾牌是一件圣器:星星在盾牌中心升起又落下,标志着宇宙中时间的流逝;在盾牌上的另一个场景中,人们在法庭上冲着对方大喊大叫,最后通过判决平息争端;在又一个场景中,战士们组织伏击,进行了一场小规模的战斗,然后抬走死者;另一处,农业耕作随着季节而变化;在又一个场景中,舞者随着乐声踏步;最后,海神之河围绕盾牌的边缘流淌。在这面盾牌上,图像似乎变成了故事。

也许我们应该想象一下,在盾牌的每一个环形部分上投射幻灯片,并配上音效,因为这不是无声电影,而是一台难以置信的嗡嗡作响的多媒体移动装置。如果考虑到盾牌的大小,整个创作就变得令人更加困惑了。它的尺寸是由阿基琉斯的身形大小决定的,但上面的场景如此之多,细节如此丰富,为了容下这些场景和细节,制造者需要把它们缩小到一定比例。诗人把整个世界都凝聚在阿基琉斯的盾牌上了。

盾牌上既包含和平场景,又包含战争场景,看起来似乎很奇怪——荷马史诗中的其他盾牌都是用来吓唬敌人的——但在这里,我们必须区分诗人看到并描述这一圣器的能力,以及他故事中人物的视角。阿基琉斯欣赏这面盾牌,令人惊叹的复杂性让他确定这是一位神匠的作品,但他的士兵看到这面盾牌时,个个都无法直视这一过于精巧的装置,吓得逃之夭夭。

古代受众获悉,诗人能看到并描述盾牌的能力与他的诗歌天赋有关。例如,一本古代传记对荷马的失明做了如下描述:

> 诗人来到阿基琉斯的墓冢,祈求能看到
> 英雄穿上第二套盔甲奔赴战场时的样子。
> 但当他看到阿基琉斯时,

荷马被盔甲的光亮刺瞎了眼睛。

忒提斯和文艺女神怜悯他,赐予他诗歌的天赋。

与其他几个古代传说一样,失明和诗意相伴而生:《伊利亚特》中的普通凡人无法仔细观察的物品,诗人能为我们描述。

在《奥德赛》中,叙述者的视角似乎更接近奥德修斯,而不是天神。诗人请求女神"从某处开始",讲述"足智多谋之人"的故事,但在最初的召唤之后,他再也没有请求天神的帮助。事实上,在开篇不久,宙斯就抱怨凡人总是将自己的过错归咎于神灵。为契合宙斯的纲领性声明,《奥德赛》的剩余部分主要关注发生在凡间的事情:众神在与凡人的互动中发挥了作用,但罕有奥林波斯山上的场景。正如诗人很少提到神界发生的事情一样,他也从来没有对凡间的故事给出全景式的概述。但有一处例外(当波塞冬从埃塞俄比亚返回奥林波斯山时,他看到了木筏上的奥德修斯),故事似乎紧紧跟随着奥德修斯展开,因此从海平面上描绘了行动。诗人甚至暗示,奥德修斯的旅途有一天会延伸至史诗的世界之外。

第四章　诗中的诗人：谁是真正的创作者？

在第十一卷中，奥德修斯造访地府，先知忒瑞西阿斯预言他将在海上历经磨难，因他刺瞎了海神波塞冬的爱子波吕斐摩斯，要受到海神的惩罚，失去所有同伴后，才能抵达家园。而后，他将不得不踏上新的旅程，寻找那些从未见过大海的人。到达目的地之后，一旦听到有人把他的船桨误认作扬谷的簸箕，他就要向波塞冬献祭。诗人没有说明世界上哪里的人会把船桨误认作扬谷的簸箕，但有一点似乎很清楚：奥德修斯向波塞冬献祭的地方是荷马史诗所不能及的。任何熟悉《伊利亚特》及其巨幅"战船目录"的人，或熟悉《奥德赛》中描述的穿越酒色般漆黑大海的人，一定都认识船桨。因此，这首诗超越了已知的世界，不仅想象出仙女和妖魔居住的神秘国度，还暗示有些地方与古希腊人的世界相距甚远，当地人对大海一无所知，因此从未听说关于特洛伊战争及其后果的伟大诗篇。

虽然《奥德赛》中的地理轮廓仍然模糊不清，但在主要叙事中，诗人非常精确地追踪了奥德修斯的行动。这一点在诗歌的后半部分，当他抵达伊萨卡并筹备复仇时，尤其明显。奥德修斯在伊萨卡醒来后，小心翼翼地把费阿刻斯人送给他的礼物藏在海滩附近的一个洞穴中，然后沿着一条陡峭崎岖的小路上山，来到牧猪人欧迈俄斯的小屋。

他在那儿对欧迈俄斯撒了几个谎，收集了重要情报，见到了忒勒马科斯，然后伪装成乞丐，向山下的宫殿走去。老狗阿尔戈斯"躺卧于堆积在院门外的一大堆秽土上"，认出了他，摇摇尾巴，然后适时地死了——这样奥德修斯就不会因犬类狂热的爱意表达方式而暴露身份。现在奥德修斯要准备好对付那些求婚者。他让忒勒马科斯把所有的武器从大厅里搬走，挪到一间内室；同时，奶妈欧律克勒娅让女仆们去另外的房间忙碌，这样她们就不会注意到武器被转移了。求婚者们在大厅里享用他们最后一顿喧闹的晚餐，奥德修斯来到了门边。其他人几乎没有注意到这个乞丐，但诗人确保我们知道他的确切位置。

珀涅罗珀突然走了进来，手里拿着奥德修斯的旧弓，步下台阶，站在"支撑大厅的门柱近旁"。她提议进行一场比赛：谁能拉开弓并一箭射穿排成一列的十二把斧头的环，谁就能成为她的丈夫。忒勒马科斯宣布也要参加比赛，如果胜利，他将亲自照顾自己的母亲。比赛开始。忒勒马科斯三次尝试拉弓，在第三次几乎要成功之时，奥德修斯示意他松手，自己不动声色地待在角落。求婚者们轮流尝试，从他们的领袖安提诺斯的右手边开始。在整个叙述过程中，诗人特别描述了每个参赛者尝试完，弓具的确切位置，以及求婚者为了拉开它都进行了什么操作。我们几乎可以感觉到奥德修斯的眼睛一刻不停地盯着他的旧弓。

奥德修斯又一次没有引起求婚者的注意，他示意牧猪人欧迈俄斯和牧人菲罗提乌斯跟随他到屋外。他亮明身份，并详细说明了自己的计划。他们一个接一个地悄悄回到了大厅，按照吩咐站好位置。欧迈俄斯确保弯弓最终落入奥德修斯手中，菲罗提乌斯把大厅锁上，忒勒马科斯把珀涅罗珀送回楼上的房间。现在，奥德修斯拿起弯弓，不费吹灰之力拉开弦，一箭射穿了十二个环。然后他继续射箭，这次射向了求婚者们。《奥德赛》第二十二卷以他的攻击拉开序幕，他褪下乞丐的破衣烂衫，跳上大殿的门槛，然后瞄准目标。（我们从柏拉图那里得知，这是史诗表演者最喜欢的剧目之一。）

在描述求婚者之死的前奏时，诗人采用了电影般的手法，事实上，《伊利亚特》也经常这样做，但角度有所不同。比起《伊利亚特》中描述战场的鸟瞰图，然后放大或缩小场景，这里的"摄像机"与眼睛齐高。我们跟随不同人物的目光，看他们截获暗号，或是没有意识到正在发生的事情。奥德修斯和他的同伙小心翼翼地在房间里卡好位置，慢慢地、悄无声息地凝视着彼此，而那些吵闹的求婚者则在房间中央吹嘘、流汗、昂首阔步。借用叙事学的一个术语,这里看到的是一个典型的"聚焦"案例——诗人让我们通过特定人物的眼睛来感知这个场景:忒勒马科斯跟父亲确认是否可以拉弓,菲罗提乌斯在同伙的注视下悄悄地锁上门,奥德修斯目不转睛地盯着自己的弓从一个求婚者手中传到下一个。

武器最终落入他手中,在层层铺垫之后,叙事的张力可能会在他拉开弓弦的一刻松弛下来。诗人需要展示奥德修斯在拿起他的旧兵器,射出第一支箭时的迅猛与自如,然而,他又不能用一个快速而简单的动作使叙事节奏松垮。因此,诗人在描述中插入了一个比喻,以慢动作呈现了奥德修斯的行动:

> 立即举起大弓,把各个部分察看,
> 有如一位擅长弦琴和歌唱的行家,
> 轻易地给一个新制的琴柱安上琴弦,
> 从两头把精心搓揉的羊肠弦拉紧,
> 奥德修斯也这样轻松地给大弓安弦。
> 他这时伸开右手,试了试弯弓弦绳,
> 弓弦发出美好的声音,有如燕鸣。

奥德修斯的成就代表了诗人的艺术造诣，它们互为表里。观众听到歌手拨弦的声音，同时看到奥德修斯测试他的弓。在故事的这一关键时刻，通过颂扬奥德修斯高超的技艺，诗人也美化了自己：在《奥德赛》中，主角和故事的演唱者常常紧密相连。然而，这个比喻的特别之处在于，表演背景和叙事行动叠加了。诗人伴着里尔琴歌唱着奥德修斯的故事，同时奥德修斯的弓也在歌唱，然后一一杀掉求婚者。

在古代与古典时期，吟游诗人会在没有音乐伴奏的情况下吟诵荷马史诗，因此，比喻中的形象并不符合古代观众在泛雅典娜节或其他类似节日上听到的《奥德赛》。尽管如此，古希腊人会想象荷马是一位歌手，就像比喻中的吟游诗人一样。因此，这三个不同的层次叠加了：在观众面前吟唱这个场景的荷马史诗吟游诗人（我们可以想象，表演者即使手中没有里尔琴，也可以演绎这一场景）、神秘的史诗作者，以及拉弓的奥德修斯。这是对史诗般的存在最好的例证。阅读时，我们就身处其中，与奥德修斯同在，也与所有聆听他的故事的历代听众同在。

第五章

阿基琉斯的愤怒：跨越历史的比较

一个不寻常的希腊词汇 *mēnis*（愤怒）拉开了《伊利亚特》的序幕，其作用堪比史诗的标题。它在一开始就预示了这将是一部宏伟诗篇，它聚焦一个具体的问题：给古希腊将士带来无数苦难的阿基琉斯之愤怒。诗中为我们讲述了愤怒的原因——阿基琉斯和"人民领袖"阿伽门农看似琐碎的争吵——及其毁灭性的后果：

> 女神啊，请歌唱佩琉斯之子阿基琉斯的
> 致命的愤怒，这一怒给阿开奥斯人带来
> 无数的苦难，把战士的许多健壮英魂

送往冥府，使他们的尸体成为野狗
和各种飞禽的肉食，从阿特柔斯之子、
人民的国王同神样的阿基琉斯在争吵中
分离时开始吧，就这样实现了宙斯的意愿。

诗人告诉我们，是阿波罗首先引发了这场争吵。他也因阿伽门农感到"愤怒"（再次使用了 mēnis 一词），原因如下：希腊军队成功劫掠特洛伊附近的一座城市后，阿伽门农分得一个被俘的女孩克律塞伊斯做奴隶。女孩的父亲是阿波罗的祭司，他带着丰厚的赎礼来到希腊人的营地，乞求阿伽门农释放他的女儿，但遭到其拒绝。阿伽门农的不敬激怒了阿波罗，他"如夜幕降临一般"从奥林波斯山下来，在离营地还有一段距离的地方开始射箭：起初，骡子和狗相继死亡，但很快瘟疫就蔓延到人身上。阿伽门农面临的压力越来越大，他必须释放克律塞伊斯，安抚神灵，消除瘟疫。阿基琉斯直言进谏，要求释放女孩。阿伽门农同意把克律塞伊斯还给她的父亲，但要求得到阿基琉斯的女奴布里塞伊斯作为补偿。这转而激怒了阿基琉斯。他曾想当场杀死阿伽门农，但经过深思熟虑（或按照荷马的说法，在战争女神雅典娜的干预下），他决定退出战斗。阿基琉斯的母亲、海洋女神忒提斯恳求宙斯，在她的儿子停战期间，让希腊人在战场上大败：这样阿伽门农很快就会意识到他不能侮辱阿基琉斯。

在《伊利亚特》的开头，阿基琉斯的行为非常像一位受辱的神明，与阿波罗的相似之处尤其明显——不仅是在语言层面上（对两者都使用了罕见的"愤怒"一词），在结构层面上亦如此。当阿波罗感到被冒犯时，他发动瘟疫，摧毁军队，从而给首领阿伽门农施加压力，逼其做出补偿。当阿基琉斯感到被侮辱时，他害希腊人惨死，从而向阿伽门农表明自己的立场。但从那以后，这两个事件就朝着不同的方向发展了。阿波罗在得偿所愿后被安抚：阿伽门农释放了克律塞伊斯，瘟疫就此结束。相比之下，阿伽门农最终提出将布里塞伊斯还给阿基琉斯，并附上无数其他礼物，阿基琉斯仍余愤未平。事实上，阿基琉斯似乎"被逼得更加傲慢"了。

阿基琉斯和阿伽门农谈判的关键时刻出现在第九卷。希腊人遭受了沉重的打击，阿伽门农现在知道，他需要拉拢阿基琉斯，否则就会失去军队和荣誉，最终战败。为了让阿基琉斯回归，他派出精心挑选的使节组成的使团：奥德修斯，最有说服力的演说家；埃阿斯，仅次于阿基琉斯的最强希腊勇士；菲尼克斯，这位老者在阿基琉斯小时候曾照顾他，因此有资格给他建议。他们告诉阿基琉斯，阿伽门农不仅打算归还布里塞伊斯，还准备了丰厚的礼物：女人、城池、三足鼎、牲口及其他物品。阿伽门农还打算把自己的一个女儿嫁给阿基琉斯，这是一种前所未有的荣誉。但是，阿基琉斯仍然拒绝重返战场。

问题是，为什么呢？阿波罗的情况一目了然：要让克律塞伊斯回到她父亲身边。而对于阿基琉斯，不知道有什么东西可以平息他的愤怒。一些评论家指出，阿伽门农没有道歉，也没有亲自登门——但考虑到阿基琉斯仍怒气填胸，避免当面对峙可能更为妥当。使团最终没能完成使命，这不能单单归咎于阿伽门农，也不能归咎于使节。奥德修斯指责阿基琉斯口是心非，这确实激怒了他。在神话中，这两人宿命迥异：正如阿基琉斯对奥德修斯所说，他要在荣耀加身和安全回家之间做出选择，奥德修斯却成功地做到了这两点。埃阿斯在阿基琉斯面前表现得更好，阿基琉斯欣赏他能直截了当地谈论责任。菲尼克斯唤起了阿基琉斯的真挚情感。然而，阿基琉斯仍然拒绝重返战场，他给出的理由明明白白：

第五章 阿基琉斯的愤怒:跨越历史的比较

> ……………
> 在我看来,无论是据说人烟稠密的
> 伊利昂在和平时代,在阿开奥斯人的儿子们
> 到达之前获得的财富,或是弓箭神
> 福波斯·阿波罗在多石的皮托的白云石门槛
> 围住的财宝,全都不能同性命相比。
> 肥壮的羊群和牛群可以抢夺得来,
> 枣红色的马、三角鼎全部可以赢得,
> 但人的灵魂一旦通过牙齿的樊篱,
> 就再夺不回来,再也赢不到手。

死亡的前景让阿基琉斯变得固执己见。阿波罗可能满足于在"多石的皮托"(《伊利亚特》中罕见地提到了他在德尔斐的圣殿)积累的祭品,但凡人阿基琉斯必须守护比任何数量的财富都更珍贵的东西:他的生命。

事实证明,阿基琉斯的愤怒与神明的愤怒不完全一样。仔细想想,这在《伊利亚特》的第一行诗中已经有所暗示:"女神啊,请歌唱佩琉斯之子阿基琉斯的致命的愤怒。"随着诗歌展开,阿基琉斯逐渐意识到他确实是一个凡人的儿子,尽管一开始他的行为像极了他那永生的母亲

的后代。当阿伽门农侮辱他时,他立即拜见母亲忒提斯,提醒她,宙斯欠她一个人情:

> 母亲,我时常在父亲的厅堂里听见你夸口说,
> 你曾经独自在天神中为克罗诺斯的儿子,
> 黑云中的神挡住那种可耻的毁灭,
> 当时其他的奥林波斯天神,赫拉、
> 波塞冬、帕拉斯·雅典娜都想把他绑起来。
> 女神,好在你去到那里为他松绑,
> …………
> 你现在就这件事情提醒他,坐在他身边,
> 抱住他的膝头,求他帮助特洛伊人,
> 把遭屠杀的阿开奥斯人逼到船尾和海边,
> 使他们全都享受有这样的国王的乐趣,
> 使阿特柔斯的儿子,权力广泛的阿伽门农
> 知道他愚昧,不尊重最好的阿开奥斯人。

在《伊利亚特》的开头,阿基琉斯提到的事件只在这里发生过,但有个重要的背景故事,它有助于解释忒提斯对宙斯的控制。特洛伊战争爆发之前的某个时候,宙斯想

与忒提斯媾和，但被警告说忒提斯的儿子将会变得比他的父亲更强大。因此，为了维护自己至高无上的地位，宙斯把她下嫁给一个普通的凡人。在忒提斯看来，这已经足够令人感到耻辱了。在《伊利亚特》中，她固执地认为自己可怜的儿子现在不应再承受阿伽门农的侮辱。鉴于忒提斯帮助宙斯确立了他的统治地位，宙斯应该确保阿基琉斯得到应有的尊重。

宙斯和忒提斯在《伊利亚特》开篇时商定的计划得以实施：希腊人灭亡，阿伽门农开始意识到他必须尊重阿基琉斯。然而，故事至此，阿基琉斯优先考虑的事情已发生变化。阿波罗满足于德尔斐的祭品，而阿基琉斯坚称自己与阿波罗不同：他想活下去，阿伽门农却无法给他任何如生命本身一般宝贵的东西。这个回答似乎足够明确，但使节们除了罗列阿伽门农的礼物明细，还陈述了一些无法轻易辩驳的理由。菲尼克斯指出，神明平息愤怒不仅仅是为了得到礼物，也是因为凡人需要帮助，人们会通过恳求和祈祷表达自己的需求。埃阿斯提醒阿基琉斯，他应该对那些他本应与其并肩作战的人负责。这些陈词都很有分量，虽然阿基琉斯听不进去。阿基琉斯向埃阿斯坦白，自己认同后者所说的一切，但当他回想发生的事情，以及阿伽门农对他的所作所为时,他仍然怒火中烧。

不过,埃阿斯还是设法让阿基琉斯做出了让步:阿基琉斯承认,如果赫克托尔打到希腊人的营地并威胁要放火烧船,他或将重返战场——或者更确切地说,当赫克托尔打到阿基琉斯自己的船上时,阿基琉斯将重返战场。他最后极度自私地强调了这一点。尽管如此,很明显,我们的英雄确实与那些在战场上被屠杀的人之间有某种联系。在第十一卷中,当注意到陆续返回营地的伤员时,他派了自己最亲密的同伴帕特洛克罗斯去打听战况。帕特洛克罗斯带回可怕的消息,并请求阿基琉斯至少让他重返战场。阿基琉斯犹豫不决,他担心帕特洛克罗斯的安全,但最终还是同意了他的请求,并把自己的盔甲借给他作为保护。不久之后,赫克托尔杀死了帕特洛克罗斯,并夺走了阿基琉斯的盔甲作为战利品。阿基琉斯被悲痛和内疚折磨,准备重回战场。他对阿伽门农的态度并没有改变(正如叙述中的几处细节所表明的那样),但现在复仇对他来说比生命本身还重要。

如同他的愤怒,阿基琉斯复仇的欲望之强烈、持久,十分罕见。他在帕特洛克罗斯的坟墓前献祭了 12 名特洛伊战俘。而他在杀死赫克托尔之后,继续亵渎、损毁赫克托尔的尸体，不让他下葬。阿波罗认为阿基琉斯的行为极不人道，不可原谅：

> 阿基琉斯也是这样丧失了怜悯心，
> 不顾羞耻，羞耻对人有害也有益。
> 有人会失去比他的伴侣更亲密的人，
> 同母所生的兄弟或是自己的儿子，
> 他哀悼过了，伤心够了，就算完了，
> 因为命运赐予人一颗忍耐的心。
> 但这个人在他剥夺了神样的赫克托尔的
> 生命以后，却把他拴在马车后面，
> 拖着他绕着他的伴侣的坟冢奔驰，
> 这不是一件光荣的事，也没有益处。
> 尽管他是个好人，可不要惹我们生气；
> 他竟自在愤怒中虐待那没有知觉的泥土。

在阿波罗看来，比起丧友之痛，阿基琉斯也应考虑这次事件中其他凡人历经的悲伤。甚至帕特洛克罗斯之死带给他的苦楚，可能并不比一个失去兄弟或儿子的人所遭受的悲痛来得深切。在之后的第二十四卷中，阿基琉斯恰恰意识到了这一点——当看到普里阿莫斯时，他想到了自己的父亲即将经历同样的丧子之痛。

阿波罗所言表明，阿基琉斯未必是个例。他的愤怒极具毁灭性，但我们都能理解他与死亡的对峙。事实上，还有许多与阿基琉斯相似的故事——有些蕴含在诗中，有些则源自诗外更远的地方。在第九卷中，菲尼克斯试图说服阿基琉斯重返战场，他提到了梅利埃格，一个"很久以前"的人。梅利埃格最初因愤怒拒绝参战，但最终为保卫妻子和家园而被说服。菲尼克斯，或者确切地说，《伊利亚特》的作者究竟在梅利埃格这个故事的细节上动了多少手脚，使其成为一个更合适的例子以劝服阿基琉斯，学者们为此争论已久：《伊利亚特》中梅利埃格的妻子名叫克勒俄帕特拉（Cleopatra），与帕特洛克罗斯（Patroclus）名字的组成要素相同（使人想起"父亲"和"荣耀"）。这绝非巧合。

阿基琉斯因朋友之死悲痛万分，让人想起古巴比伦英雄吉尔伽美什——另一个在学术界可与阿基琉斯相比拟的争议性人物，因为它暗示了近东地区对古希腊叙事传统的影响。无论是一些引人注目的细节，还是整体构思，《吉尔伽美什史诗》都与《伊利亚特》有相似之处。与阿基琉斯一样，吉尔伽美什是半人半神；与阿基琉斯一样，吉尔伽美什对人类的处境进行了抗争：在最亲密的朋友恩奇都死后，他决心去寻找永生之法。然而，吉尔伽美什的英雄主义式追求注定会失败。在古巴比伦版本的故事里，一位有智慧的"麦酒夫人"西杜里在他的旅程接近尾声时劝他：

> 哦，吉尔伽美什，你要游荡去哪里！
> 你所寻求的永生不可得，
> 众神创造人类之时，
> 已把死亡设定在终点，
> 他们把永生留给了自己。
> 所以你，吉尔伽美什，填饱你的肚子，
> 日夜欢愉吧，
> 每日享乐吧，
> 尽情跳舞和嬉戏，日夜不休，
> 让你的衣服保持干净，
> 勤洗头，多泡澡，
> 牵你手的孩子，你要重视，
> 让妻子在你膝上快活。

吉尔伽美什悲痛至极，根本听不进这些劝告。恩奇都死后，他立马扯掉自己的头发，脱下华丽的衣服，披着兽皮在荒野中游荡。他继续旅行，直到找到乌特纳匹什提姆——大洪水中唯一的幸存者。至此，吉尔伽美什才得到根本的答案。大洪水幸存者乌特纳匹什提姆告诉他，他永远不可能找到永生之法，然后（在古巴比伦版本的故事中）送他回家，还送给他一套新衣服。

帕特洛克罗斯死后，阿基琉斯的生理反应与吉尔伽美什的相似。他在脸上、身上涂满灰烬，扯掉头发，痛苦地哭喊。忒提斯想到儿子会早死，于是在海底宫殿伤心哀叹，听到阿基琉斯的哭喊后，赶到他身边。她明白，阿基琉斯此时只想战斗，只想杀死赫克托尔，为朋友报仇。尽管忒提斯提醒他，实施报复后不久，他也将死去，但阿基琉斯已经不在乎这些。他失去了生活的兴趣，寝不安席，食不甘味，心里只有帕特洛克罗斯。正如史诗中几个细节所表明的那样，其他任何人对他来说都不重要。

阿基琉斯的悲伤甚至引起了临床医生的密切注意。在一本重要著作中，精神病学家乔纳森·谢伊将阿基琉斯诊断为创伤后应激障碍（PTSD），认为阿基琉斯的行为与他治疗过的许多越南战争老兵的症状相似。在谢伊的分析中，*mēnis* 与他的病人所表现的暴怒有着相同的重要特征。他称，在这两种情况中，根据战士所处特定环境下的社会规范，创伤始于对"何为正确"的背叛，这导致战士的道德观念变得狭隘。然而，就算在缩小的道德罗盘内，当可怕的事情——尤其是亲密战友的死亡——发生时，人也会完全失控。和阿基琉斯一样，即使引发他们狂暴的事件已经过去了很久，许多现代的士兵仍长期经历着极端的愤怒和内疚。

当然，这种宽泛的、跨越历史的比较有其局限性：阿基琉斯不完全像吉尔伽美什，美国老兵也不完全像阿基琉斯。然而，《伊利亚特》力图表达人类生活的本质。因此，它能在一定程度上与不同时代、不同地域的人产生共鸣，也就不足为奇了。事实上，史诗中阿基琉斯的悲痛算不上独一无二。特洛伊国王普里阿莫斯听闻儿子赫克托尔的死讯，当场倒地，用秽土覆盖自己：这个举动表明他有多么不在意自己的身体，让人想起帕特洛克罗斯死后阿基琉斯的行为。在史诗的结尾，面对人类死亡和丧亲问题，连忒提斯也试图用完全具有人性的理由来安慰阿基琉斯，没有诉诸她的神圣地位，也没有恳求宙斯。她重复着《吉尔伽美什史诗》中"麦酒夫人"西杜里的劝告，重复着无数一心想当祖母的人的心声：

> 我的孩子,你呜咽哭泣,咬伤你的心,
> 废寝忘食,要到什么时候才停止?
> 你最好在一个女人的怀抱里享受爱情,
> 因为你在我面前活不了多少时光,
> 死亡和强大的命数已经向你靠近。

阿基琉斯虽然悲痛万分,但最终听从了母亲的劝告,与布里塞伊斯共度良宵。当普里阿莫斯走进阿基琉斯的小屋,乞求他归还赫克托尔的尸体时,阿基琉斯正在吃饭。反观普里阿莫斯,丧子之痛仍然痛彻心扉:自从儿子死后,他食不下咽,寝不成寐。在他们会面的过程中(见图8),阿基琉斯为了劝普里阿莫斯进食、喝水、休息,还给他讲述了尼俄伯的故事——神话中,一位失去了12个孩子的母亲,丧亲后(据阿基琉斯所言)仍能吃下饭。阿基琉斯似乎更改了尼俄伯的故事细节以表达自己的观点,但其所言传达了一个普遍的生活真理——阿基琉斯与普里阿莫斯在彼此身上认识到的真理:

> ....
> 在他们满足了饮酒吃肉的欲望之后,

图 8 大理石石棺，雕刻着国王普里阿莫斯乞求阿基琉斯归还其子尸体的场景，公元 2 世纪（《伊利亚特》第二十四卷，第 477~479 行）。来自黎巴嫩提尔城的罗马石棺，225—235 年左右

> 达尔达诺斯之子普里阿莫斯不禁对
> 阿基琉斯的魁梧与英俊感到惊奇，
> 看起来好似天神。阿基琉斯也对
> 达尔达诺斯之子普里阿莫斯的态度
> 与谈吐感到惊异。

经历了污秽、饥饿、干渴、疲惫，这两人共进一餐，在随后的宁静中凝视着对方。他们甚至"从彼此的目光中得到了快乐"，超越了个人的痛苦。这种平静的时刻并未持续很久：阿基琉斯准备好床榻，但普里阿莫斯只睡了一小会儿——他半夜醒来，突然意识到自己身处敌军包围之中，于是在神的庇佑下回了家。

《伊利亚特》并没有随着阿基琉斯与普里阿莫斯的会面结束：最后的诗篇属于特洛伊的妇女。在史诗的结尾，赫克托尔的葬礼哀悼仪式表达了一个重要的主题：女人对刚刚被杀害的男人的依赖。愤怒的阿基琉斯对此感到难以理解。相比之下，在特洛伊的妇女们看来，显然，人们只有互相照顾，社会才能繁荣昌盛。

第六章

特洛伊之歌：丰富的口头诗学文化

尽管《伊利亚特》由"愤怒"一词拉开序幕，宣告主题，但这首诗的关注点不仅是阿基琉斯致命的愤怒。史诗古老的标题（公元前5世纪首次在资料中得到证实）许诺这是一首"特洛伊之歌"，或者说"伊利昂之歌"。正如亚里士多德在《诗学》中指出的那样，《伊利亚特》只描写了特洛伊战争的一小部分，短短数日——没有讲到特洛伊城的陷落，甚至没有讲到阿基琉斯之死。然而它确实成了特洛伊之歌。这并非易事，因为我们知道在古代还流传着许多关于特洛伊战争的其他诗歌。正如本书第二章中提到的，为了能在现场观众面前创作和改编史诗故事，《伊利亚特》的创作技巧经历了长时间的磨炼:"程式化经济"(最初是帕里发现了荷马史诗那令人惊讶的特点的)为即兴创作的过程提供了便利。简而言之,《伊利亚特》中使用的预制表达和叙事结构也可以用在更多不同的诗歌创作中。因此,单以《伊利亚特》为证,就足以推断存在着丰富的口头诗学文化。

我们还知道一些关于特洛伊战争前期和后期的诗歌:在某个时候,这些围绕《伊利亚特》和《奥德赛》的诗歌编成"诗集",成为它们的前传和后传。我们仍然保留着这些系统叙事诗的片段,普罗克洛斯(公元 5 世纪)提供的情节概述也有很大帮助。有了它们,我们可以将《伊利亚特》置于更广泛的诗歌传统中,但是要确定《伊利亚特》与其他有关特洛伊的诗歌之间的关系仍非易事。

在细节层面上,我们通常无法确定《伊利亚特》中某个特定段落是否暗指一个已为早期观众所知的故事,或成为后续故事的最初诱因。比如在《伊利亚特》第六卷中,赫克托尔见到母亲赫卡柏时,对弟弟帕里斯诱拐海伦并引发特洛伊战争的行为表示深深的愤怒与沮丧:他甚至希望帕里斯已经死了。对于任何一个母亲来说,听到一个儿子咒另一个儿子死,都是难以接受的。赫克托尔的话对赫卡柏来说显得尤其伤人，因为据后来被证实的故事所言，帕里斯出生后不久就要被处死，因为有预言称他将导致特洛伊城的陷落，母亲赫卡柏救下了尚在襁褓中的帕里斯。也许《伊利亚特》最早期的观众已经知道这个故事，或者这个故事是围绕《伊利亚特》发展的，因而使得诗歌的内容在时间的长河中变得更加尖锐，更具典故性。无论是这个案例的细节还是确切的时间顺序，《伊利亚特》显然提到了更多关于特洛伊陷落的传说故事，但其效果并不依赖于观众对具体典故的认知。

博学的读者能捕捉哪怕最隐晦的引用。但《伊利亚特》没有奖励他们，而是创造了一种更具包容性的诗学，难怪它脍炙人口。它与特洛伊战争更广为人知的传说故事保持着一种谨慎的平衡。一方面，正如亚里士多德所言，它只涉及故事的一小部分，即战争结束前几日，阿基琉斯的愤怒；另一方面，它试图将特洛伊的传奇故事纳入诗歌狭小的范围。

《伊利亚特》在很多方面都可被称为"有关特洛伊的终极诗篇"。在结构上，它让人联想起战争的开始与结束。在第一卷中，争夺布里塞伊斯反映了战争的起因，因为特洛伊战争正是始于两个男人（墨涅拉俄斯与帕里斯）争夺一个女人（海伦）。第二卷中的"战船目录"是为了重提特洛伊远征：所有希腊军队扬帆起航前往特洛伊之前，在奥立斯集结。第三卷介绍海伦与她的两任丈夫，明确交代了冲突的根源。第四卷展示了一场围绕女人而起的争夺是如何演变成战争的。在第五卷中，战争升级，众神也被卷入其中。第六卷带我们走进特洛伊城，深入赫克托尔家族的内心世界。接下来的几卷描述希腊人与特洛伊人之间无休止的战斗。对战争的描述止于第九卷和第十四卷。第九卷讲述使团拜访阿基琉斯，邀请他重返战场，但遭其拒绝。第十四卷讲述了宙斯被诱惑的故事。

战争还在继续，无休止的杀戮还在上演，直到帕特洛克罗斯被杀，阿基琉斯重返战场。至此，叙事的节奏发生了变化。《伊利亚特》中常规的武装场景仅有寥寥数行，但第十八卷中几乎有一半的篇幅都在描述阿基琉斯的新盔甲。同样，诗中描写的无数决斗在阿基琉斯与赫克托尔最后的持久对抗中达到高潮，两人的决斗占满了第二十二卷的篇幅。《伊利亚特》第二十三卷长篇叙述了帕特洛克罗斯的葬礼，以及希腊人为纪念他而举行的竞技比赛。诗人利用这一情节，揶揄而隐晦地探讨了希腊军营中一些紧张的关系，尤其是阿基琉斯与阿伽门农的关系。（阿基琉斯将投枪比赛的头名颁给阿伽门农,但没让他参加比赛:"我们全都知道你强过众人。")最后,在第二十四卷中,普里阿莫斯求阿基琉斯归还赫克托尔的尸体,这位特洛伊最强勇士得以火化、下葬。赫克托尔之死象征着整座城市的陷落,正如诗人所言:"有如巍峨的伊利昂,从高堡到窄巷被熊熊的大火吞噬。"

除了暗指过去和未来的事件,《伊利亚特》还通过大量叙述战斗场面以描述整场战争。尽管只描述了几日之内的杀戮,但似乎呈现了完整的冲突。诗歌的大部分篇幅都在描写战场上的厮杀,令人十分悲伤——因为杀戮残酷无情且重复乏味,还十分可怕。诗人对伤口的描写细致入微:一根长枪"刺在他的私处和肚脐中间,那里是不幸的凡人遭打击最痛的地方";另一枪"矗立心脏",枪杆随着垂死之人的脉搏颤动了一会儿;一把利剑割下肝脏,"黑暗的血液浸湿了双腿"。诗歌中的描述生动而不怪诞。医学证据证实,荷马史诗中对伤口的描绘是准确的,甚至随着心跳颤抖的武器也能在现代临床记录中找到。这么看来,荷马史诗中对死亡的描写源于经验,而非恐怖的幻想。

每个人都以不同的方式死去。每个人都有姓名、有家庭,还有被提前了结的生命。荷马史诗中没有"无名士兵"：每个牺牲者都有名字。诗歌通常还会加上其他细节——至少是死者的父姓。在一些案例中，我们得知死者的父亲健在：

> 墨里奥涅斯这时向正在退却的他
> 放出一支铜箭，正中他的右臀，
> 箭矢笔直地穿透了骨头下面的膀胱。
> 他当即坐到地上，在自己的同伴的怀抱里
> 咽尽了灵气，像一条死虫瘫倒地上，
> 黑沉沉的血涌出来，润湿了下面的泥土。
> 勇敢的帕弗拉贡人立即围拢过来，
> 伤心地把他抬上车，送往神圣的伊利昂。
> 他的父亲泪涟涟走在他们中间，
> 不能替自己的儿子的死雪恨报仇。

人生图景与亲友之情皆因死亡而中断。普洛特西劳斯是第一个踏上特洛伊领土的希腊战士。他旋即被杀，留下年轻的妻子和"才盖了一半的房子"。被狄俄墨得斯杀死的阿克绪罗斯"曾住在阿里斯柏城，他的家傍大道，热情款待过往客人，但没有一个客人能救他"。莱卡翁的母亲

无法洗净他的遗体，或把他放上停尸床哀悼，因为他的尸体被扔进了河里，"鱼儿随意地吮吸他的伤口"。

诗人的描述也许只有寥寥几笔，但给人的感觉是他可以告诉我们更多。如同荷马史诗中的典故，在描述士兵的生死时，熟悉的人和陌生的人没有明显区别。对于某些人物，观众知道的可能比诗人讲述的更多（例如普洛特西劳斯）。至于其他人物，诗人好似在他们被杀的那一刻才让人物鲜活起来，例如，没有必要猜想阿克绪罗斯是否在其他史诗中也出现过。在任何情况下，整体效果都是相同的。无论诗人是引用典故还是杜撰新人物，我们都清楚地意识到，每一次死亡都是一个人的生命走向了终结，关于这个人，我们本可以知道更多。

诗歌成为向战争亡灵致敬的一种方式：艾丽丝·奥斯瓦尔德在她的诗作《纪念》中以伤亡名单重铸《伊利亚特》，体现了荷马史诗的这一特点。有时，诗人会呈现一个令人难忘的意象：

> 特拉蒙之子埃阿斯用长枪刺中英布里奥斯耳朵下方，
> 　把枪收回，英布里奥斯如梣树倒地。

> 那梣树矗立于遥望在即的高山之巅，
> 被铜刃伐倒，柔枝嫩叶拂扫地面。

拜占庭学者尤斯塔修斯证明，对这些诗行的评论有着悠久的传统。"这比喻令人动容，"他说，"诗人仿佛是在同情这棵树，早先的作家们也这么说。"对树的同情也就是对倒下的那个人的同情。其他时候，诗人只给出一个事实性的描述，如："安忒诺耳的儿子们落入阿伽门农之手。"然而，悲伤的情绪呼之欲出。在叙事的结构层面上，每一次杀戮都是在完成宙斯的计划。每一条逝去的希腊生命都在向阿伽门农展示阿基琉斯的愤怒。然而，在另一个层面上，战斗场面如此宏大，死亡人数如此之多，以至于这首诗讲述了特洛伊战争从始至终的全过程。

如同战争场景一样，《伊利亚特》探讨的道德问题既具普遍性，又有特殊性。阿基琉斯问道：什么样的功名利禄能弥补死亡的代价？他的问题分量不一般，因为他自己十分确定，他要么收获荣耀，要么长命百岁。其他人也许可以两者兼得，但一旦踏入战场便会面临死亡的威胁。他们也需要扪心自问：什么理由能让自己甘愿冒险？对一些人来说，答案很简单：为保卫家园而战。对其他人来说，情况就不那么明朗了。例如格劳科斯和萨尔珀冬作为特洛伊的盟友,从遥远的吕基亚赶来参战。在一次著名的演说中,萨尔珀冬解释了为什么他们要放弃家乡舒适的生活,置身险境。

> 格劳科斯啊,为什么吕基亚人那样
> 用荣誉席位、头等肉肴和满斟的美酒
> 敬重我们?为什么人们视我们如神明?
> 我们在克珊托斯河畔还拥有那么大片的
> 密布的果园、盛产小麦的肥沃土地。
> 我们现在理应站在吕基亚人的最前列,
> 坚定地投身于激烈的战斗毫不畏惧,
> 好让披甲的吕基亚人这样评论我们:
> "虽然我们的首领享用肥腴的羊肉,
> 啜饮上乘甜酒,但他们不无荣耀地
> 统治着吕基亚国家:他们作战勇敢,
> 战斗时冲杀在吕基亚人的最前列。"
> 朋友啊,倘若我们躲过了这场战斗,
> 便可长生不死,还可永葆青春,
> 那我自己也不会置身前列厮杀,

>也不会派你投入能给人荣誉的战争；
>但现在死亡的巨大力量无处不在，
>谁也躲不开它，那就让我们上前吧，
>是我们给别人荣誉，或别人把它给我们。

荣耀取决于在一线战斗的能力。但凡人之所以愿意上战场，是因为任何人都逃不过死亡。学者们把萨尔珀冬的豪言壮语称作"英雄准则"，即以英勇换取社会荣誉，而这一准则建立在人终有一死的基础上——所有战士都是如此，即使像阿基琉斯这样的英雄也难逃末路，因为他清楚地知道，自己不可能活着离开战场。

除了"英雄准则"，还有一条准则刻画了特洛伊战争和阿基琉斯的困境。领袖本应照顾民众：有个标准的荷马史诗程式将他们称作"民众的牧羊人"。而阿基琉斯违背了"民众准则"。毕竟，《伊利亚特》第一行就道出丑闻：他给希腊人带来"无数的苦难"，而他本该与希腊人并肩战斗。在愤怒中，阿基琉斯筹划毁灭自己所在的阵营；相比之下，《伊利亚特》中其他领袖因无能、自私，甚至羞耻感而使民众遭殃。阿伽门农的辱骂引发了瘟疫，他对待阿基琉斯的不公导致自己在战场上损失惨重。与此同时，对面的赫克托尔没能守住自己的城池，甚至丢了性命。《伊利亚特》中的领袖失败了，民众跟着送命。荷马史诗的观众一定很喜欢特洛伊战争中这些英雄的伟大事迹，同时深感宽慰，因为自己不在阿伽门农、阿基琉斯，甚至是赫克托尔这样的领袖麾下作战——尽管赫克托尔对他的民众有明确的责任感。

公元前8世纪，特洛伊城的废墟在小亚细亚海岸巍然耸立，激发了许多关于这座城市及其陷落的史诗故事的创作（参见第三章）。在这些故事中，《伊利亚特》之所以成为"特洛伊之歌"，有几个原因。它深入探索领导力及其失败原因，从此种意义上讲，它在很大程度上算一首政治诗歌。但它也是一首存在主义诗歌：它直面死亡，通过描写一场又一场杀戮、一个又一个受害者、一次又一次丧亲之痛，促使人们对生命的价值进行深刻的思考。

第七章

赫克托尔之殇：直面最深的恐惧

　　从结构上讲，赫克托尔的死成为特洛伊覆灭的象征，但《伊利亚特》不允许我们仅从一般角度去看待它。史诗详述了赫克托尔本人如何意识到死亡将至。阿基琉斯不得不在荣耀和长寿之间做取舍，而帕特洛克罗斯死得突然，根本不知道是什么击中了自己。恰恰是通过赫克托尔这个角色，我们深刻体会到死亡步步逼近的感觉。这绝非巧合：在古希腊悲剧中，观众需要一定的临界距离来直面自己最深的恐惧。《伊利亚特》通过聚焦一个特洛伊人物，而不是古希腊人物，让我们体验到死亡的临近。赫克托尔的故事还有其他类似悲剧之处。他是一个令人印象深刻的人物，但身上不乏缺点，包括他强烈的羞耻感。他值得同情，然而众神却将他抛弃。最重要的是，我们首次通过诗人走进赫克托尔的内心世界，将他的希望和已知的结局进行了对比。

在荷马史诗的观众看来，特洛伊城终会沦陷，赫克托尔必死无疑，阿基琉斯也将不久于人世。诗人天赐的灵感——洞悉过去、现在和未来的能力，与观众对《伊利亚特》所属的诗歌传统的了解共同发生了作用。尽管这一传统是灵活的，轮廓是可塑的，但一些基本事实却毋庸置疑。然而，在故事中的人物看来，情况则不同。他们可能预感到了城市的陷落，担心自己的安危，但未来仍有变数：阿基琉斯偶尔还会欺骗自己，认为自己仍能活到耄耋之年。

当赫克托尔与阿基琉斯决斗时，我们所知道的——无论称之为命运还是史诗传统——与人物的希望及恐惧之间的差异，在诗歌的结尾表达得尤为强烈。直到最后一刻，赫克托尔仍抱着一线希望，觉得自己有可能干掉阿基琉斯，正是这种心态给了他力量，让他停下逃跑的脚步，要与最优秀的希腊人决一死战。对赫克托尔来说，未来至少还有一线生机，直至阿基琉斯将武器插入他的"锁骨与脖子之间"。到这里，他才清楚地预见将要发生的事情。赫克托尔告诉阿基琉斯，他死期将至，帕里斯和阿波罗不会放过他。后来的资料补充了细节：帕里斯射出一箭，阿波罗让箭矢插入阿基琉斯脆弱的脚后跟，给了他致命一击（见图9）。

图9 红色人物花瓶上描绘的阿基琉斯之死，尼奥比德画师，公元前460年左右。帕里斯射出一箭，阿波罗将箭导向阿基琉斯的脚后跟

赫克托尔说得既明确又决绝，我们立刻意识到他此言不假。相比之下，阿基琉斯对此却不屑一顾："你就死吧，

我会接受我的死亡，无论宙斯和众神何时让它实现。"

与赫克托尔的预言一样，阿基琉斯说的也让我们一目了然：他们不是先知，而是会犯错的凡人。我们都知道自己"时候到了"会死，但没人想知道确切的时间和方式。如同所有凡人一样，阿基琉斯并不想提前知道自己的命数。然而，我们在《伊利亚特》中最先通过赫克托尔感受到，希望既无用又重要。

在第六卷中，当赫克托尔见到妻子安德洛玛刻时，我们看到了对未来抱有希望是多么有必要。故事讲到这里，虽然宙斯向忒提斯承诺说要帮助特洛伊人，但他们仍输得很惨，特洛伊城危在旦夕。赫克托尔重振军心，成功阻止将士们士气低落地撤退，然后他冲回城中看看妇女们有没有为战争出力：她们应该祈祷、供奉，承诺向雅典娜献祭。赫克托尔回城是对决心的巨大考验。他必须迅速下达命令，而后尽快返回战场，因为将士们十分需要他。然而一回城，他就被一群妇女拦住，询问她们亲人的下落。诗人在旁白中告诉我们，许多人此时还不知道自己已然成了寡妇或孤儿。赫克托尔什么也没说，而是要她们一起祈祷。

很快，他遇到了自家的女眷，她们也想把他围住。母亲赫卡柏给他倒酒，说他太累了，喝点儿酒能增强体力，但是赫克托尔谢绝了她的好意,他没有停步,称喝酒只会削弱体力。赫克托尔急着去找弟弟帕里斯,想让他返回战场(帕里斯一直躺在海伦的温柔乡里)。在赫克托尔等待帕里斯之际,海伦饱含懊悔地对赫克托尔说:她希望自己在襁褓中就已死去。不过,她补充道,既然现在活着,又身在特洛伊,希望能有个靠谱点儿的丈夫,一个有责任心且勇敢的人,而不是这个一无是处、脑子不太正常的帕里斯。接着她邀请赫克托尔陪自己坐下来,休息一会儿,毕竟他在不知疲倦地为她而战。赫克托尔拒绝了她的邀请,突然间声称自己应该去看看妻子。

经历了美酒和美人的诱惑,赫克托尔现在面临着最艰难的考验:安德洛玛刻的绝望。他在家里没找到她,猜她一定是去了亲戚家,或者是去了神庙(正如一位古代评论家所言,这些是"离家的正当理由")。管家告诉他实情:安德洛玛刻心急如焚地冲上城墙,扫视战场,看到赫克托尔活着,她才能安心。保姆抱着年幼的阿斯蒂阿纳克斯跟在她后面。赫克托尔转身离开家,穿过建造精良的特洛伊街道,奔赴战场。安德洛玛刻在斯坎门拦住了赫克托尔(见图10,那是一幅呈现他们相遇场景的著名画作)。

当妻子、儿子、保姆站在他面前时,赫克托尔将目

图 10 安吉莉卡·考夫曼,《赫克托尔告别安德洛玛刻》。当考夫曼于 1769 年展出这幅画作时,她被指责把特洛伊英雄描绘成"一个因戴着头盔而感到不自在的忧郁少年"。《伊利亚特》已将女人动摇了赫克托尔战斗的信念表现得淋漓尽致

光转向婴儿,并"默默地微笑"。安德洛玛刻对他说话的方式让人想起葬礼上的哀歌:她告诉赫克托尔,如果他出城打仗,他和他的妻儿,将会是什么下场。从我们的角度来看,安德洛玛刻预言了诗歌的结局,《伊利亚特》正是在赫克托尔的葬礼哀歌中谢幕的。然而,从她自己的角度来看,讲述未来的一种可能其实是想告诉赫克托尔,他还有别的选择:

> 赫克托尔，你成了我的尊贵的母亲、
> 父亲、亲兄弟，又是我的强大的丈夫。
> 你得可怜可怜我，待在这座望楼上，
> 别让你的儿子做孤儿，妻子成寡妇。
> 你下令叫军队停留在野无花果树旁边，
> 从那里敌人最容易攀登，攻上城垣。
> 对方的精锐曾三次想从那里攻上城来。

古代读者对安德洛玛刻的建议表示愤慨，不得不说她亵渎了史诗的语言。正如我们已经了解的，荷马史诗中的领袖应该像好牧人一样保护自己的人民，而不是让民众做特洛伊的人墙，自己则安全地躲在里头。一位古代评论家评论道："安德洛玛刻给了赫克托尔相反的军事建议。"另一位评论家为她辩称，她的所言"不是典型的女性言论，而是典型的她……因为她爱赫克托尔"。亚历山大·蒲柏在自己的《伊利亚特》笔记中赞同了后一种观点，他指出安德洛玛刻与丈夫谈论战术，其言谈举止不像士兵，更像一个想让丈夫安全地留在自己身边的女人。

然而，赫克托尔不管怎样都不愿参与安德洛玛刻的计划，他只是说"这些事"也在他心头挂着，然后宣布自己必须返回战场。他的理由背后是传统的重负：如果留在城内，他就会在特洛伊的男男女女面前感到羞耻，无论如何，他都不想这样。他已经学会战斗在第一线，为父亲和自己赢得巨大的荣耀。他不是在生和死之间选择，而是在怯懦地死去和光荣地战死之间选择：

> 可是我的心和灵魂也清清楚楚地知道。
> 有朝一日，这神圣的特洛伊和普里阿莫斯，
> 还有普里阿莫斯的挥舞长矛的人民将要灭亡。

赫克托尔必须战斗，不是为了拯救特洛伊，而是因为他知道特洛伊在劫难逃。赫克托尔的话揭示了安德洛玛刻给出战术建议的本质：想要改写未来的徒劳尝试。面对即将到来的毁灭，赫克托尔关心的是如何死得其所，被世人铭记。他甚至设想了安德洛玛刻的未来，她的存在是为了勾起人们对他的纪念：有一天她将成为奴隶，为其他女人挑水；过往的路人会指着她泪流满面的身影，想起她曾是"赫克托尔的妻子，特洛伊被围时，他是擅长骑术的特洛伊人中最英勇善战的那个"。简而言之，她的痛苦将成为他未来的荣耀。说完这些，赫克托尔终于崩溃了：他承认

自己宁愿葬身黄土，也不愿目睹妻子未来受苦。先前安德洛玛刻指责赫克托尔是在执行死亡任务（"你的勇武会害了你"），赫克托尔这会儿承认了。他最后说，自己宁愿死也不愿看她被俘虏。

承认这一点后，赫克托尔无法直视妻子的眼睛，再次将目光转向年幼的儿子。他想把他抱起来，但孩子惊呼一声，缩回保姆怀中，"他怕看父亲的威武形象，害怕那顶插着马鬃的铜头盔，害怕那鬃毛在盔顶可畏地摇动"。赫克托尔和安德洛玛刻放声大笑。一位评注者写道："在艰难时期，即使是最小的事也能引起欢笑。"赫克托尔脱下头盔，将其放在地上，然后抱起他的孩子往上抛一抛，口中为他祷告。这动作一点儿也不陌生：我们都见过父亲把孩子举起来，让他们发出既害怕又高兴的尖叫。赫克托尔的行为与其他父亲没有什么两样。然而，他的举动使人想到了一个不寒而栗的场景，提醒人们不久的将来发生在阿斯蒂阿纳克斯身上的事：特洛伊城陷落后，又一个可怕的士兵（这次是希腊士兵）拎起阿斯蒂阿纳克斯，没有慈爱地把他抛来抛去，而是猛地将他从城墙上扔下。赫克托尔最后的慈爱抛接和敌人致命的一摔叠加在一起，与阿基琉斯最后讲给赫克托尔的话产生了相同的效果。我们感受到自己生而为人的希望，同时也记得那些在特洛伊战争中死去的人独特而残酷的结局。

当我们想到阿斯蒂阿纳克斯即将被害时，赫克托尔却在畅想儿子的美好未来。虽然他刚刚还说特洛伊必将沦陷，但现在他抱着幼子，不能不怀揣希望。他祈祷，有一天这个男孩会长得比他更强壮，会打败敌人，带回战利品，安德洛玛刻一定会幸福。事实上，没有任何迹象表明安德洛玛刻憧憬的未来还会有更多战争。当赫克托尔把小阿斯蒂阿纳克斯递到她手中时，她含泪惨笑。回家后，她向仆人们表达了为赫克托尔哀悼的愿望，尽管他此时还活着（一位古代评论家断定这种行为"不合常规"，是不祥之兆，的确是这样）。后来，赫克托尔死了，安德洛玛刻重提她最初的看法：赫克托尔是因为过于勇敢而丧命的。她本希望赫克托尔安详地死在自己的卧榻，弥留之际能握着她的手，说一些最后的誓言，让她记住他。这才是她所憧憬的未来，而非更多的战争。安德洛玛刻的眼里没有敌人：她所看到的，她希望能改变的，只有赫克托尔的行为。因此，从她的角度来看，的确是赫克托尔自己的战斗决心让她沦为了寡妇。

在某种程度上，史诗的叙述证实了安德洛玛刻的判断：在第二十二卷中，当赫克托尔准备在战场上与阿基琉斯一决高下时，诗人史无前例地向我们展示了赫克托尔的想法。面对阿基琉斯的猛攻，其他所有特洛伊人都"像小鹿一样"逃窜，躲进城内。唯有赫克托尔留在城外，"像一条满身毒液的长蛇盘踞在自己的洞穴前"，守着斯坎门。他站在那儿，看着"身材高大的阿基琉斯步步逼近"，我们知道他在想什么。他知道，已经有太多的特洛伊人丧命。躲进城里会让他蒙羞。有人会指责他"折损了他的人民"（我们在此处感受到了"民众准则"的力量）。最好能杀死阿基琉斯，不然就死在平原上，好过回家受责难。但也许他可以把长枪靠在城墙上，试着与阿基琉斯讲和，答应把海伦和许多礼物交出去。但是不行，阿基琉斯不会因此而尊重他，却会像对待一个手无寸铁的女人一样直接杀死他。赫克托尔得出结论，是时候拼杀了。

尽管他有这样的决心，当看到阿基琉斯走到自己面前，挥舞着长枪，宛如初升的太阳一般闪耀时，赫克托尔还是转身仓皇逃命。阿基琉斯依靠他敏捷的双脚在后面穷追不舍。他们飞快地跑过城墙、无花果树、车道、喷泉（女人们曾经在那儿洗衣服，那是很久以前的事了，那时战争还没有爆发，这儿还很安全）。阿基琉斯和赫克托尔宛如两个运动员,在争夺同一个奖品——"驯马人赫克托尔的性命"。他们就像梦里的两个人,一人在前面跑,一人在后面追,永无休止,循环往复。他们绕着特洛伊城跑了三圈,跑到第四圈时,雅典娜插手了。她化身赫克托尔最疼爱的弟弟得伊福玻斯,站到他身边。赫克托尔以为自己不再是孤军奋战,鼓起勇气停下了脚步。

阿基琉斯扔出他的长枪,但没有命中。雅典娜偷偷地把枪还给了他。接着赫克托尔投出自己的长枪,"没有射偏",只是他的长枪被阿基琉斯的盾牌弹开,落在了很远的地方。赫克托尔冲弟弟大喊,让他把长枪借给他,但是得伊福玻斯突然"匿迹无踪影"。赫克托尔此时才明白事情的真相,众神已将他抛弃,剩下的只有死亡。这种孤独感尤其令人沮丧,因为他一直是群体的核心,时刻关心着他人。在《伊利亚特》的大部分篇章中,阿基琉斯似乎只关心自己,赫克托尔则不同——他有很强的责任感,而且时常被别人对他的看法激励。因此,即使此时面临死亡,他仍在寻求与人的接触。他转向我们——将听到他的英雄事迹、光辉成就、史诗故事的后人,留给我们一些能将他铭记的东西:

现在死亡已距离不远,就在近前,
我无法逃脱,宙斯和他的射神儿子
显然已这样决定,尽管他们曾那样
热心地帮助过我:命运已经降临。
我不能束手待毙,暗无光彩地死去,
我还要大杀一场,给后代留下英名。

第八章

足智多谋的人：主题的普遍意义

《奥德赛》开篇的第一个词 *Andra* 宣告了这是一首写"人"的诗歌，在某种程度上，这就是一个关于"人类"的故事。主人公对知识的探求、他踏上的旅程、经历的苦难，以及想回到妻儿身旁的决心，这些主题都具有普遍意义。《奥德赛》同《伊利亚特》一样，试图阐明做人的意义。但同时，《奥德赛》讲述了一个非常具体且令人费解的人的故事。我们很难了解这个人，甚至难以确定他的身份：随着序诗逐行展开，我们知道了主人公的一些信息，但还未听到他的名字。因此，想弄清楚《奥德赛》是一首"关于奥德修斯的诗歌"，只能在聆听诗人吟诵时自己琢磨：

> 请为我叙说，缪斯啊，那位机敏的英雄，
> 在摧毁特洛伊的神圣城堡后又到处漂泊，
> 见识过不少种族的城邦和他们的思想，
> 他在广阔的大海上身受无数的苦难，
> 为保全自己的性命，让同伴们返回家园。
> 但他费尽了辛劳，终未能救得同伴，
> 只因为他们亵渎神明，为自己招灾祸；
> 一群愚蠢人，拿高照的赫里奥斯的牛群
> 饱餐，神明剥夺了他们返归的时光。
> 女神，宙斯的女儿，请随意为我们述说。

全诗首个形容词将我们的主人公描述为有"许多转折的"，这个词使人想到转折和旅行，也暗指心思迂回曲折又诡计多端。探求知识与跋山涉水，两者并行，因为他"见识过不少种族的城邦和他们的思想"。然而这两个方面孰轻孰重并不确定。也许这是一首记录奥德修斯学习与成长的诗歌，记录他朝着特定目标前行的旅程；或许这是一首关于生存的诗歌。主人公经历一系列考验与冒险，即此

种意义的"转折",并设法保持初心。简而言之,回归与生存并非同一回事:回归意味着抵达一个终点;相比之下,生存则全盘否定了死亡。

对《奥德赛》中生存与回归的演绎理解不同,体验就不同——不仅是对奥德修斯而言,也包括那些聆听他故事的人。如果我们把这首诗看作一个男人拒绝了仙女卡吕普索给他永生,反而要回到家乡,回到多岩石的伊萨卡岛,回到他的凡人妻子身边的故事,那么我们从中可以学到生而为人的意义,以及由此带来的诸多桎梏。但如果这是一个关于生存的故事,故事的主人公总能在最怪诞诡奇又毛骨悚然的经历中绝处逢生,那么聆听诗歌的意义也许不在于学到了什么道理,而在于享受。毋庸置疑,《奥德赛》带来的既有愉悦,又有启示,生存和回归都是故事的主旋律。然而,平衡这些不同的元素需要一些诡计,奥德修斯本人亦是个善于操弄诡计的人物。

除了"多变",他还"多计""多谋""多磨难"。这些五花八门的形容词与描述他的比喻相得益彰:与其他史诗英雄不同,奥德修斯常被比作很多动物。正如本书第二章中提到的,他在海滩上面对瑙西卡时,像一头饱经风霜的饥饿狮子——鉴于他需要让瑙西卡相信他没有威胁,他那副模样会引发很多问题。还有其他与其英雄身份不相称的形象。在与瑙西卡相遇之前,也就是第二次海难之后,奥德修斯试图扒在一块岩石上:

> 有如一条章鱼被强行从窝壁拽下,
> 吸盘上仍然牢牢吸附着无数的石砾,
> 奥德修斯也这样,强健的掌上的皮肤
> 被扯下残留崖壁,巨浪又把他掩埋。

在后面的诗歌里,他告诉费阿刻斯人,同行的几个水手被斯库拉吃掉后,他如何逃离斯库拉和卡律布狄斯的魔爪,后又乘着失事船只的残骸再次与这两头怪物擦肩而过:

> 我这样整夜漂泊,日出时分来到
> 斯库拉的洞穴和可怖的卡律布狄斯近旁。
> 卡律布狄斯正在吞吸咸涩的海水,
> 我立即向上抓住那棵高大的无花果树,
> 如同蝙蝠把它抱紧。我当时就这样
> 既无法用双脚站稳,也无法爬上树干,

因为那树干距离很远，树枝倒悬，
又长又庞大，把卡律布狄斯密密罩住。
我只好牢牢抱住树枝，等待那怪物
重新吐出船梁和桅杆；我终于如愿地
看见它出来，约在有人离开公庭，
判完年轻人的争讼，回家进晚餐的时候；
这时木料也重新出现于卡律布狄斯。
于是我把手松开树枝，放下双脚，
正好落在那些粗长的木料中央，
坐到上面，用手作桨划动海水。

就这样，当其他人忙碌了一天回家吃晚饭时，奥德修斯却"像只蝙蝠"挂在一棵突出的无花果树上。难怪他很难被认出来。

即便没把奥德修斯比作非比寻常的动物，他的外表也千变万化。瑙西卡初见他时觉得他看起来"令人惊恐不迭"，但过了一会儿，待他沐浴更衣完毕，雅典娜把他的头发变得浓密，肩膀变得宽阔，女孩就觉得他看起来如同掌管广阔天宇的神明。当珀涅罗珀再次见到丈夫时，她认为他只是个可怜的乞丐，然而在他杀死求婚者之后，她认为他可能是一位复仇的天神。渐渐地，她才看出来，或者说她才承认，这个陌生人与她昔日的丈夫有相似之处。瞎了眼的波吕斐摩斯把奥德修斯和他的手下当成了自己的羊：独眼巨人把奥德修斯一行人困在洞穴后，每次放羊群出去吃草，都会用手指检查，以防有人偷跑。他没想到的是，囚犯们会藏在羊肚底下逃之夭夭。他甚至认为那只行动迟缓的公羊是被主人失明的悲伤压垮的。回想起这桩往事时，奥德修斯得意地说道："它被我和我的狡猾主意压得喘不过气。"（顺便一提，这句话在古希腊语里更精妙，因为奥德修斯使用的"狡猾"一词也有"紧密堆积"的意思，因此也就更为沉重。）

可以说，奥德修斯最狡猾的诡计当数他第一次向危险的独眼巨人介绍自己时，称自己是"没有人"（Nobody），从而使他的名字与他诡诈多变的外表相配。叙事到关键时刻，被刺瞎眼睛的波吕斐摩斯告诉其他独眼巨人同伴"没有人要杀他"，因而没有得到任何帮助。后来，当奥德修斯告诉他自己的真实身份时，波吕斐摩斯想起了一则古老的预言，后悔没认出这个出现在自己洞穴的陌生人就是奥德修斯。然而，巨人补充说，那个人不仅说自己叫"无名小卒"[1],"看起来也像个无名小卒"。

奥德修斯的出现和消失不仅仅是他自己的小把戏或诗人的巧妙比喻。这定义了奥德修斯的存在,也塑造了《奥德赛》的情节。在诗人对缪斯女神的开场白中,他请求女神从"某个地方"开始讲故事,而女神选择了这么个地方:大海中央的一个洞穴,这里是仙女卡吕普索的家(这位仙女的名字在希腊语中听起来很像动词"我要把你藏起来")。正如在本书第三章中提到的,这是一个无法在地图上标出位置的洞穴。其他在特洛伊战斗过的将士要么死了,要么已经到家,唯有奥德修斯还徘徊在这两种状态之间。卡吕普索愿赐他永生,但这意味着对所有认识他的凡人来说,他已经死了,再也没人能看见他。

《奥德赛》前四卷戏剧性地描写了奥德修斯被卡吕普索留作未来夫婿,这件事对他在伊萨卡岛的家人们而言有所意味,因为他们正悬在希望与绝望之间。儿子忒勒马科斯即使是在四处寻找他时,也一再宣称父亲一定是死了。珀涅罗珀则拒绝聆听菲米乌斯歌唱其他希腊人凯旋:那些歌谣提醒她还有一人没有返回,或许永远都不会返回。

---

[1] 英文单词 nobody 既有"没有人",也有"无名小卒"之意。——译者注

奥德修斯一次又一次悬在生与死之间：在离开卡吕普索的岛屿后，他来到了费阿刻斯人的领地（第六卷至第十二卷），然后搭乘一艘具有魔法的船只回家——诗人把奥德修斯在船上的状态描述为"最似死亡一般的甜美睡眠"。奥德修斯在费阿刻斯人的领地停留期间讲述了他先前的旅程（第九卷至第十二卷）。我们得知，在他的各种冒险之旅中，他曾一路航行至亡灵的国度，居然还能活着从那里回来。正是在地府，先知忒瑞西阿斯向他透露了他的未来：为了平息波塞冬的愤怒，奥德修斯必须再次启程，前往一个人们会把他的船桨误认作扬谷的簸箕的地方。那片土地，也就是奥德修斯的新目的地，是史诗无法企及的地方（参见本书第四章）。因此，对荷马史诗的观众来说，奥德修斯不得不再次从视线中消失。

预言中奥德修斯的计谋与旅行还得继续，延续至《奥德赛》之外，这预示着他的故事还没有讲完；他的冒险旅程没有穷尽，虽然我们并非听说过每段旅程。奥德修斯正是在邀请珀涅罗珀入寝前片刻向她提到了忒瑞西阿斯的预言，这并非巧合：尽管他俩重聚的时刻意义重大，但这不代表奥德修斯的故事迎来了结局。然而，《奥德赛》还是有一个所谓结局的，虽然这个结局无论是从道德上看还是从文本上看，都不令人满意。亚里士多德在《诗学》中用粗体字寥寥几笔总结了诗歌，清晰地陈述了诗歌的目的与结局："男人离家多年，被波塞冬一路跟踪，一直孤苦一人。家中的事情更是糟糕。同乡打他老婆的主意，消耗他的家产，还要谋害他的儿子。历经艰险，他终于回到了家乡，告诉一些人自己的身份，成功自救并摧毁了敌人。这就是故事的核心内容，其他的都是插曲。"

这与今天我们对《奥德赛》的理解不同，因为亚里士多德的概述中没有强调知识与旅行。现代人对诗歌的解读潜移默化地受到了各种改编文学的影响：包括查尔斯·兰姆的《奥德修斯历险记》（1808），他将《奥德赛》改编成男孩们喜爱的冒险故事，几乎只聚焦奥德修斯的旅程。相反，亚里士多德则遵照了荷马史诗的描述：诗歌讲到一半，奥德修斯已经回到了伊萨卡岛。《奥德赛》的后半部分（没人读的那一半）讲述了他如何夺回自己的家业与王国，屠杀珀涅罗珀的求婚者和与他们厮混的人。这部分读起来并不令人感到愉悦。陪求婚者睡觉的女仆们被吊死在后院的树上，就像挂在晾衣绳上一样："她们的脚抽搐了几下，但没一会儿就不动了。"更普遍地讲，与求婚者及其同伴的对峙几乎演变成了一场内战。

《奥德赛》最后的诗行记录了伊萨卡岛的居民聚集在一起：一半民众支持归来的国王，另一半反对他，因为被杀的求婚者里有他们的儿子、亲戚或朋友。奥德修斯与忒勒马科斯的一次对话显示，他已预料到这个问题：

> 通常不管谁在本地，即使只杀死一人，
> 只有为数很少的人会为被杀者报仇，
> 杀人者也得离开故乡，躲避其亲友，
> 更何况我们刚才杀死的是城邦的栋梁，
> 伊萨卡青年中的显贵，我要你对此事细思量。

至此，诗歌进入僵局。依照奥德修斯自己承认的，他必须立马离开。最后，是雅典娜下狠手干预，才打破僵局。在《奥德赛》的开篇，雅典娜与宙斯讨论奥德修斯的问题，然后谋划他的归返之路。现在诗歌进入尾声，她再次咨询父神的意见，要如何平息这场纷争：

> "我们的父亲，克罗诺斯之子，至高之王，
> 请回答我的问题，你心里怎样考虑？
> 你想让这场残酷的战斗和可怕的屠杀

继续下去,还是让双方和平缔结友谊?"
集云神宙斯开言回答女神这样说:
"我的孩儿,你怎么还向我询问和打听?
不是你自己亲自想出了这样的主意,
让奥德修斯归来报复那些求婚人?
你可以如愿而行,我告诉你怎样最合理。
既然英雄奥德修斯业已报复求婚人,
便让他们立盟誓,奥德修斯永远为国君,
我们让这些人把自己的孩子和兄弟被杀的
仇恨忘记,让他们彼此像从前一样,
和好结友谊,充分享受财富和安宁。"

至高无上的天神认为,抹除全民记忆才是让伊萨卡岛重回和平的唯一途径,但这个提议违背了《奥德赛》的本意,因为诗歌记录了当时的情形,更普遍来讲,也因为史诗应该记录人和神的行为,而不是让人们遗忘。

雅典娜同意反叛军领袖欧珀忒斯被处死,但是勒令两派的所有人立即分开,停止纷争。大家不敢不遵命,唯有奥德修斯继续厮杀。直到宙斯出马,放出一声天雷,冲突才终于停止。雅典娜为两方缔结和平条约:

> 战斗的双方重又为未来立下了盟誓,
> 提大盾的宙斯的女儿帕拉斯·雅典娜主使,
> 外表和声音完全幻化成门托尔模样。

《奥德赛》在这几句诗行中谢幕,然而似乎并没有给出一个令人满意的结局。天神介入不一定是问题所在,因为这是荷马史诗的一个标准特征。然而,通常情况下,它所引发的事件也可用人类的冲动和决定来解释,现代学者称这种现象为"双重动因"(参见前文,雅典娜劝阻阿基琉斯的内容)。早在古代,亚里士多德就指出,若天神的干预带来了一个意想不到的结果(比如一个无法用看似合理的人类行为解释的结果),就会弱化诗意。因此,在《奥德赛》的结尾,根据他的定义,诗意减弱了:敌对阵营面对面站着,一个头目已经被杀了,冲突似乎完全不可能在此时停止。

现代的编辑经常试图删减、重塑或重新编排《奥德赛》结局的各个情节,认为它们代表了创作的不同阶段或脉络,还援引口头诗歌的灵活性,哀叹文本传播变化莫测。古代读者对诗歌的结局也不满意:亚历山大图书馆的著名学者认为,诗歌应该在第二十三卷第296行,珀涅罗珀与奥德修斯就寝时落幕。然而《奥德赛》并没有就此结束：口头创作的灵活性与文本传播的不确定性（这两方面在诗歌的结尾都显而易见）证明了要给奥德修斯的故事画上句号并非易事。虽然宙斯提议让集体失忆，但奥德修斯的行为，尤其是作为领导者的失败所产生的政治影响不容忽视。事实上，诗歌详细探讨了这些问题。

早在开篇向缪斯女神的祈祷中，诗人就坚持认为奥德修斯不该因同伴之死受到谴责：他们吃了太阳神的牛群，所以应该为自己的愚昧受惩罚。古代的读者不禁要问，诗人为何只关注这一情节：只有一艘船的船员是在吃了圣牛后丧命的；奥德修斯的大多数部下丢了性命，责任并不在他们自己。例如，奥德修斯执意要进独眼巨人的洞穴里看看里头住着什么人，尽管同伴恳求他不要进去：结果一些同伴被吃掉，而他却活了下来。

简而言之，虽然奥德修斯与《伊利亚特》中那些伟大又不乏缺陷的领袖截然不同，但套用荷马史诗的程式，他最终也"毁灭了他的人民"。第二卷的开头粗略地提到了一位生活在伊萨卡，名叫艾吉普提奥斯的老人。他的故事清晰地说明了这个问题。老人有四个儿子：第一个跟随奥德修斯去特洛伊打仗，后来命丧独眼巨人之口；第二个与求婚者勾结,在第二十二卷的大屠杀中被杀;剩下的两个留在父亲的庄园,不结交朋友,因此才在奥德修斯远征特洛伊及返乡之后保住了性命。

当然,奥德修斯的孤独是故事的关键部分:他能活下来正是因为跟他一起的人都丧了命。他时而出现,时而隐匿,因为没有同伴,没有人一直盯着他。"多苦难"正是因为他孤苦伶仃,失去同伴后只能依靠自己的智谋。他必须"多计""多谋"。然而,随着故事的发展,形容他的这些词语的含义发生了变化,彼此交融。当他被困于独眼巨人的洞穴,或是挂在一株突出的无花果树上命悬一线时,他别无选择,只能忍受。然而,当他回到家中时,为了报复求婚者,他选择含垢忍辱。因此,在诗歌的后半部分,"多苦难"的含义转向了"多计"与"多谋":苦难使人学会伪装,最终使他战胜了敌人。

奥德修斯也在思考自己曾经的苦难与后来复仇的欲望之间的联系。为求婚者卖命的墨兰提奥斯虐待了奥德修斯,认为他只是一个无能的乞丐。奥德修斯很想当场杀死他。同样,与求婚者上床的女仆们的行为刺激着奥德修斯,令他愤怒地几乎要失去控制,但他还是忍住了。他提醒自己,回想当初即便是困在独眼巨人的洞穴里,也要等待良机。在整部诗歌中,奥德修斯都在玩延迟满足的游戏。最终,女仆们被吊死在绳子上,就像"被捕获的画眉和野鸽";墨兰提奥斯被割掉了鼻梁和双耳,生殖器被挖出来喂狗,双手和双脚也被砍掉了。

《奥德赛》的残暴程度令人震惊,让许多初读者感到意外。古代的读者可能也会感到意外。有几幅花瓶画都将奥德修斯描绘成民间故事中诡计多端的人,他设法使自己摆脱各种困境和不幸。例如,一只花瓶上描绘了他骑着两只双耳瓶,逃离北风之神波瑞阿斯的场面(《奥德赛》中并没有这个情节,见图11)。

图11 古希腊皮奥夏地区黑陶器皿,奥德修斯和北风之神波瑞阿斯,公元前4世纪

在这只花瓶上,奥德修斯更在意的似乎是保命,还有狭路相逢的刺激,而不是当首领或者复仇。《奥德赛》借鉴了主要以艺术形式记录的民间故事传统,但是对权力及其后果进行了一种更加幻灭的史诗式探索。它从多种不同的流派和传统中汲取营养,也引起了广泛的反响。奥德修斯时而是一个喜剧角色,时而是一个悲剧英雄,时而是一个坚忍的智者,时而是一个祸根,他的形象永远不会被固定,也无法被固定。

第九章

女人与妖魔：女性角色的存在感

尽管奥德修斯的形象很难被固定，但好几个人物还是按捺不住想要固定住他，尤其是女人、女神，还有各路妖魔。他们都想把他留在身旁，把他变成自己的丈夫（或者视情况而定，吃掉他）。在这首如此关注快乐与家庭、生存与回归的诗歌里，女性角色的存在感之强也许不足为奇：奥德修斯的孤独和漂泊不定表明他最需要的其实是一个家。当然，他在伊萨卡岛上有家，但是诗歌反复暗示他也可以在其他地方安家。他的故事在一定程度上反映了创作《奥德赛》的时代所关注的问题：古代是一个快速扩张的时代，人们四处旅行，建立新的定居点。女人们旅行不如男人们频繁,因此来自远方的殖民者与当地女性建立家庭的情景是很容易理解的。尽管如此,女人们有法子密切关注自己的男人,即使他们远行在外,她们仍有办法给他们打上自己的标记。

一天傍晚,伪装成乞丐的奥德修斯在熊熊燃烧的篝火旁与珀涅罗珀有了返乡后的第一次交谈。他告诉她,自己在克里特岛见过奥德修斯,珀涅罗珀立刻询问他看到的奥德修斯穿的是什么衣服。犹豫片刻后,假乞丐满足了她的请求,给出令人惊讶的详细描述:

> 尊敬的夫人啊,事情相隔如此久远,
> 难以追述,因为已历时二十个年头,
> 自从他来到我故乡,又从那里离去,
> 不过我仍凭心中的印象对你叙说。
> 神样的奥德修斯穿着一件紫色的
> 双层羊绒外袍,上面的黄金扣针
> 有两个针孔,扣针表面有精巧的装饰。
> 一只狗用前爪逮住一只斑斓的小鹿,
> 用嘴咬住挣扎的猎物。众人称美
> 精美的黄金图饰,猎狗吁喘咬小鹿,

小鹿不断地两腿挣扎，渴望能逃脱。
我还见他穿一件光亮闪烁的衣衫，
有如晾晒干燥的葱头的一层表皮；
那衣衫如此轻柔，犹如阳光灿烂；
许多妇女看见，啧啧地赞叹不已。

"乞丐"还说，他不知道那些是奥德修斯从前在家时穿的衣服，还是后来由他人相赠的，"因为奥德修斯受到很多人的喜爱"。但是珀涅罗珀立刻认出来，那些正是她送给丈夫的衣服和扣针。

其他女人对奥德修斯外衣的欣赏，表明珀涅罗珀的纺织技艺精湛，但同时暗示女人们喜欢的可能不只是他的外衣，还有他这个人。当然，在整部《奥德赛》中，珀涅罗珀不是唯一一个为奥德修斯穿（脱）衣服的人。在他离开卡吕普索的岛屿前，女神为他沐浴，换上有香味的衣服；在接下来的故事中，波塞冬打沉了他的木筏，正是这些衣服差点儿把他拖到海底。因此，不久后出现在他面前的海神伊诺要用自己的面纱救他一命，奥德修斯再三思量后才接受。许多评论家指出，伊诺的举动具有魅惑性，尤其因为褪下面纱会使她一览无余，只能迅速滑入暗黑的海浪中。

尽管如此,奥德修斯仍不为所动,并就自己该穿哪件衣服进行了长时间的内心独白。他决定暂时穿着卡吕普索送的衣服,乘坐残破的木筏,没有采纳伊诺的建议,即丢弃木筏,戴着面纱游泳。波塞冬在第二次攻击中撕碎了残破的木筏,奥德修斯别无选择,这才脱掉衣服,将魔法面纱系在胸前,一头扎进海里。

后来,他赤身裸体地被冲上了费阿刻斯人的海岸。公主瑙西卡在附近洗衣服,因为雅典娜唤起了她对婚姻的想法,因此她需要准备新洗的干净衣服。所以,她非常适合借给这个陌生人一件斗篷和外衣,并指点他进城的路。瑙西卡提议奥德修斯先与她同行,但在到家前拉开了距离,以免引发恶意的闲言碎语。一旦进入王宫,他就要觐见她的父王和母后,尤其要讨母后阿瑞塔的欢心:"只要你能博得我母亲的喜悦和欢心,那时你便有希望见到自己的亲人。"

阿瑞塔问奥德修斯的第一个问题与他身上的衣服有关,她认出这些衣服是"她和女仆一起亲手制作"的,询问他究竟是怎么得到这些衣服的。奥德修斯与瑙西卡的关系简直太戏剧化了。然而,大家很快就弄清楚了,他并不想娶这位年轻的公主。瑙西卡热切地希望他能留下来做自己的

第九章　女人与妖魔：女性角色的存在感

丈夫，国王阿尔基诺奥斯也想招他为婿。但奥德修斯坚持要离开，于是费阿刻斯人答应护送他安全到家，还附赠了许多礼物。阿瑞塔送他更多漂亮的衣服，并嘱咐他好好保管，以免到家后被人偷走。听到这儿，奥德修斯"立即把箱盖合上，并用喀耳刻教他的一种复杂绳结捆好"。最后，阿瑞塔吩咐仆人为他沐浴，这让他"精神大振，自从他离开拥有美丽头发的卡吕普索家，再也没得到如此照顾"。总之，奥德修斯非常感激女人们给他的礼物。

快乐是用来享受的，《奥德赛》中的快乐多种多样。它们似乎只有一个限制条件：返乡的迫切要求。为了实现这一目标，奥德修斯愿意忍受最极端的痛苦，甚至是死亡。除此以外，再没有什么能限制他的了。从特洛伊踏上归途后，他首先掠夺了基科涅斯人的土地，杀死那里的男人，然后，如他自豪地宣称的那样，"抢走女人和财宝，这样我的人都不会空手离开"。相反，当他到达食莲人之地时，他发现食用莲花会使人忘掉对返乡的渴望，于是立即制止部下品尝这道当地美食。

稍后，他们抵达了独眼巨人的洞穴，奥德修斯不惜一切代价想弄清楚洞穴的主人是谁，自己会不会获赠丰厚的礼物，而他的同伴提议偷几块奶酪就逃走。最后，波吕斐摩斯送给这个名叫"没有人"的陌生人的礼物，是"最后一个被吃掉"的特权，这是对好客规则的荒唐曲解，但是奥德修斯自己也滥用了这些规则：古代的宾主之谊不是为了满足好奇心和贪欲而闯入别人家中，而是为了建立持久的信任与有效支持的人际关系网。奥德修斯的做法使宾主之谊看起来更像是海盗行为。一行人在离开了独眼巨人的洞穴，又拜访了风神埃俄罗斯之后，来到了拉斯忒吕戈涅斯的领地。奥德修斯再次派出一些部下上岸探查。情况急转直下：当地的王后"像山峰一样高大，令人望而生畏"，她叫来丈夫，吃掉了奥德修斯的一名部下，并对他的舰队发动了大规模攻击。除了奥德修斯乘坐的那艘船，所有的船都被毁了。

这件事发生后不久，奥德修斯就遇到了喀耳刻，他的手下全都被她变成了猪。如若没有赫尔墨斯送给奥德修斯的神奇草药化解该魔法，他也会有同样的下场。奥德修斯与喀耳刻的对峙直奔主题：她用魔杖击打奥德修斯，想要将他占为己有，但奥德修斯拔剑相向，逼她发誓不会伤害他才同意与她同床共枕。一年后，当他决定离开她时，喀耳刻告诉奥德修斯如何到达地府，以及如何对付塞壬。事实上，正是与塞壬的相遇让奥德修斯的快乐与他的"返乡

第九章　女人与妖魔：女性角色的存在感

之途"变得不可兼得。喀耳刻警告他，塞壬的歌声放大了过往船只上的人的欲望，但她会抓住船只并摧毁一切。为了保护自己的部下，奥德修斯用蜂蜡堵住了他们的耳朵。他让手下把自己绑在桅杆上，这样他既可以聆听妖魔的歌唱，又不会落入陷阱。他记得它们的歌声：

…………
我们迅速前进，但塞壬已经发现
近旁行驶的船只，发出嘹亮的歌声：
光辉的奥德修斯，阿开奥斯人的殊荣，
快过来，把船停住，倾听我的歌唱。
须知任何人乌黑的船只从这里驶过，
都要听一听我唱出的美妙歌声，
欣赏了我的歌声再离去，见闻更渊博。
我知道在辽阔的特洛伊，阿尔戈斯人
和特洛伊人按神明的意愿忍受的种种苦难，
我知悉丰饶大地上的一切事端。

塞壬深知，知识是一种快乐：她许诺唱给奥德修斯一部《伊利亚特》，称这将带给他启示和欢乐。奥德修斯彻底被说服了，想留下来聆听。他甚至把这想法通过眉毛暗示给部下，但他们只是将绑缚他的绳子收得更紧，埋头划桨。

奥德修斯遇到的所有女人和妖魔都对他构成了威胁。他们有的甜美，有的可怕，但是都阻碍了他的归途。例如，瑙西卡之所以危险，正是因为她看来如此合适：毕竟，比起回"多岩石的伊萨卡"与珀涅罗珀重聚的不确定性，许多人都会选择年轻的妻子和费阿刻斯人肥沃的土地。奥德修斯告诉女孩她是如此有魅力，告诉她婚姻的种种快乐，从而确保能得到她的帮助：

> 那你的父亲和尊贵的母亲三倍地幸运，
> 你的兄弟也三倍地幸运，你会使他们
> 心中永远充满不灭的喜悦和欢欣，
> 看见你这样一位美丽的姑娘去歌舞。
> 但有一人比所有其他的人更幸运，
> 他若能把你娶回家，付出优厚的聘礼。
> ....
> 世上没有什么能如此美丽和怡乐，
> 有如丈夫和妻子情趣相投意相合，

第九章 女人与妖魔：女性角色的存在感　123

家庭和谐，令心怀恶意的人们憎恶，
亲者欣慰，为自己赢得最高的荣誉。

奥德修斯说得不假，但他却欺骗了女孩。她想嫁给他，但他心里却念着珀涅罗珀。

奥德修斯在返乡的路上遇到了许多危险的女孩、女人、女神，还有妖魔，但对他构成最大威胁的却是珀涅罗珀本人。阿伽门农从特洛伊归来的故事在《奥德赛》中占据了重要位置，诗歌在开头和中间都时常提到。阿伽门农远征时，克吕泰涅斯特拉另结新欢，因此，这位希腊人的首领一到家就被杀了。奥德修斯非常在意珀涅罗珀的忠贞：当他在地府见到自己的母亲时，立刻问她珀涅罗珀表现得是否还像他的妻子，或是已经嫁给了别人。

对珀涅罗珀来说，表现得像奥德修斯的妻子首先意味着要让时间停止，在他抵家之前让一切保持不变。为了实现这个目的，她想出了寿衣计：她告诉求婚者们，在织完一件适合在拉厄耳忒斯①葬礼穿的长袍前，她不会改嫁。然后，她白天织，夜里拆。这一招别出心裁——既实

---

① 拉厄耳忒斯是奥德修斯的父亲。——译者注

用,又有象征意义。只要寿衣还没完工,拉厄耳忒斯就不会死;只要父亲还活着,他的儿子就有希望回来。这里有个问题,那就是奥德修斯自己的儿子忒勒马科斯正在长大,与此同时,《奥德赛》戏剧化地描绘了忒勒马科斯接替奥德修斯,成为家族统治者的可能性。在那种情况下,奥德修斯就没必要回来,珀涅罗珀也没必要改嫁(特别是奥德修斯阻止忒勒马科斯拉弓的那一刻)。看来,奥德修斯在最后的关键时刻返回,差一点儿就成了自己家中一个无关紧要的人。

回到伊萨卡的奥德修斯迟迟不肯向珀涅罗珀表明身份,因为他要考验她的忠贞。同样,她也迟迟不肯接受他,因为她也要验明他的身份。出于现实的原因,小心谨慎很有必要,但节奏慢下来的同时也增加了乐趣。奥德修斯与珀涅罗珀重新发现了对方的身份和彼此的共同点,比如,他的衣服,还有他们的婚床,他们俩在考验彼此的同时也在挑逗对方。作为对丈夫的最后考验,珀涅罗珀随口吩咐仆人把奥德修斯做的那张旧床从她房间里搬走,奥德修斯立马勃然大怒,插话道,不能搬走这张床,除非有人对它动过手脚。这张床是他亲手打造的,其中一根柱子用的是橄榄树的树桩,那树根还深埋在地下。那次爆发后,珀涅罗珀终于认出了自己的丈夫。她处理这件事时不慌不忙，从而增加了读者的乐趣。

至于珀涅罗珀自己的快乐，《奥德赛》对此含糊其词。全诗只有一段暗示，说的是拥有众多的追求者可能会令人愉悦。珀涅罗珀与奥德修斯（伪装成乞丐的阶段）在篝火旁第一次交谈时，她向"陌生人"讲述了自己的一个梦境，并问他对此有什么看法。在梦境中，珀涅罗珀正高兴地看着一群鹅在自家院子里觅食，突然一只老鹰俯冲下来，将它们统统杀死。在睡梦中，大屠杀让珀涅罗珀泪流满面。但奥德修斯很快解读了这一征兆：他告诉珀涅罗珀，她应该感到高兴，因为她的丈夫就要回来了。

第十章

地府之旅：欺骗死亡的尝试

最单调最沉闷的是停留，是终止……

——阿尔弗雷德·丁尼生，《尤利西斯》

在奥德修斯的众多冒险中，造访地府的旅程是最不寻常的。他设法抵达了离家最遥远，也是离生命最遥远的地方，居然还能从那里回来。在第十一卷中，"与逝者的对话"可以称作他最伟大的壮举，这在文学史上一再上演。尽管如此，奥德修斯并不是唯一到过地府的古代英雄：赫拉克勒斯、忒修斯、奥尔弗斯都去过，古巴比伦史诗英雄吉尔伽美什也从朋友恩奇都的地府行中了解了亡灵的国度。

事实上，将死亡视作通往黑暗国度的旅程在许多不同的神话中都是常见的套路。许多传统都探讨过从"有去无回的地方"（古巴比伦人的叫法）返回，并讲述故事的可能性。

每一次探访亡灵都会让人置身特定的环境，并获得特别的体悟。在《吉尔伽美什史诗》中，恩奇都在梦中首次造访地府，了解到大家共同的命运——死亡，将抹去世俗的财富及权力的差异：即便是那些曾经与众神一起吃肉的人，如今也只能"吃土"，而被他们丢弃的王冠堆放在地府的一个角落。诗歌的后面部分叙述了恩奇都的发现，对逝者来说，最重要的是有一场体面的葬礼，以及生前有许多儿子。吉尔伽美什为了从成功躲过死亡的大洪水幸存者乌特纳匹什提姆那里探寻永生之法，亲自跨越亡灵的水域，但他后来却陷入沉睡，因此被送回了凡间。尽管如此，通过这次探险，他还是从他拜访的这位主人那里了解到大洪水背后的故事。

我们还可以从异世界之旅的其他故事中吸取教训。例如，维吉尔讲述的奥尔弗斯的神话，就对爱情中的紧急情况及其可能造成的伤害提出了明确的警告：当奥尔弗斯违抗冥王哈迪斯的命令，转身去看跟随他走出地府的欧律狄刻时，他就等于将她放逐到阴暗的世界，由此彻底失去了她。奥德修斯的远征看起来一如既往地含糊不清:他从忒瑞西阿斯那里得到了一些关于自己未来的信息,至于我们了解了什么,似乎不那么清楚。重点完全放在讲故事上——它的乐趣与好处,以及所能提供的启示。

奥德修斯接受费阿刻斯人的盛情款待时,讲述了他前往地府的故事,费阿刻斯人保证听完会送他回家。他回忆说,喀耳刻坚持要他返航前咨询忒瑞西阿斯,于是他和部下"怀着沉重的心情,泪水汪汪地"踏上了征程。他们到达海神之河西米里族人的阴暗领地,停好船,逆流而上,来到喀耳刻指明的特定地方,挖了一条壕沟,向死者献祭。随即,阴魂从地府蜂拥而至,迫不及待地想要品尝被屠杀的动物的鲜血,"苍白的恐惧"笼罩着奥德修斯。尽管如此,他还是设法挡住了阴魂,不让它们喝血。这时,一个同伴的影子站到他面前:是埃尔佩诺,他还能认出奥德修斯并同他说话,因为他还没有被妥善安葬。确实,头一天晚上埃尔佩诺喝得烂醉如泥,从喀耳刻的屋顶上滚下来,摔断了脖子。奥德修斯好奇地向他打听,问他怎么这么快就到了这儿,竟然比自己乘船赶路还快。

似乎我们这位"足智多谋的英雄"一如既往地没把死亡看得太严肃,他认为埃尔佩诺比他更快到达地府简直是对他的侮辱。然而,埃尔佩诺却哀怨地恳求能被安葬。奥德修斯随后在阴影中看到了自己的母亲,但她似乎已认不出他了。最后,忒瑞西阿斯出现,并说出了他的预言。至此,奥德修斯已经完成自己的使命,可以返航了,但他的好奇心太重,想要盘问那些亡灵。他让母亲喝了祭品的血,她立马认出了他,问他到底是怎么活着来到这儿的。她安慰他说,珀涅罗珀依然忠贞不渝,并叮嘱他回家后给妻子讲几个好故事:"现在你赶快返回阳世,把这一切牢记于心,他日好对你的妻子讲述。"

然而,奥德修斯并不着急离开。他看到许多举世闻名的女人,想听听她们的故事,于是他让她们挨个儿喝了祭品的血,好逐一盘问:提罗,被波塞冬强暴,生前不得不守口如瓶,现在可以畅所欲言了;安提奥普,她的两个儿子建立了底比斯;阿尔克墨涅,赫拉克勒斯的母亲;勒达,海伦的母亲;伊皮卡斯忒,俄狄浦斯的母亲,她与自己的儿子发生了关系;伊菲墨得娅,在她看来,她的儿子们(亵渎神明,企图攀登至天堂的巨人)都是些可爱的小伙子;还有许多其他女人。

奥德修斯的叙述让王后阿瑞塔听得如痴如醉,她要费阿刻斯人留住奥德修斯,不要让他匆忙离去,并许诺给他更多的礼物作为回报。阿尔基诺奥斯也劝他多讲讲亡灵的故事,并向奥德修斯承诺,明天一早让他带着满满的礼物回家。奥德修斯欣然接受,并指出"带着满手的财富"回家将有助于重建他的统治和权威。说完这段现实的旁白,他继续讲述他的故事。在阿尔基诺奥斯看来,奥德修斯"就像一位歌手",编织了这个故事。

他说,除了举世闻名的女人,他还看到了许多死去的英雄,包括阿伽门农:这位特洛伊远征军的将领惦记着自己的儿子俄瑞斯忒斯,他告诫奥德修斯永远不要相信女人,因为他自己的妻子跟别人结了婚,然后谋害了他。阿基琉斯追问儿子涅俄普托勒摩斯的情况,并劝告奥德修斯不要"歌颂死亡"。阿基琉斯坚持说,与活着的乐趣相比,名声算不了什么——"宁愿为他人耕种田地,被雇受役使",也比死了强。接着是埃阿斯,但是他拒绝与奥德修斯交谈,因为他早前在与奥德修斯争夺阿基琉斯的武器时败下阵来。奥德修斯劝他放下昔日的怨恨(这怨恨如此强烈,最终迫使埃阿斯自杀)。他想和老对手谈谈心,但遭到埃阿斯的拒绝,不过奥德修斯很快就有了新的目标。毕竟,那儿还有许多其他名流:坦塔罗斯,永远喝不到水,尽管水一直拍打着他的双脚;西西弗斯,永远在推着石头上山;赫拉克勒斯、忒修斯，以及其他许多人。奥德修斯本想逗留，了解更多亡灵的事情，但是他害怕冥后珀耳塞福涅派来戈耳工（它能把人变成石头），所以他认为是时候离开了。

奥德修斯"与逝者的对话"同其他古代地府之旅有一些共同的特征：和吉尔伽美什一样，他发现人们关心下葬的问题，即使在死后也关心自己的儿子。这一经历为奥德修斯提供了一个独特的视角来审视自己的故事，尤其是与阿基琉斯的故事相比。但从另一个角度看，这一事件又异常地缺乏分量。奥德修斯与忒瑞西阿斯交谈后，他的任务就完成了。但是他决定留下来，先是与母亲说话，然后干脆饶有兴趣地与亡灵们攀谈。不像吉尔伽美什追求永生之法，奥德修斯与亡灵的交流并没有特定的目的。在某种程度上，忒瑞西阿斯的预言削弱了奥德修斯此行的重要性：他将踏上更多的探索之旅，因此，与亡灵交流并不是他的最终目的。在某种程度上，他的到访让人想起了他的许多海盗行为：能从地府带走的只有故事，所以他就多打听几个，就像从独眼巨人的洞穴里拿走奶酪一样，然后赶在被戈耳工抓到之前逃走。

维吉尔在《埃涅阿斯纪》第六卷中改写了奥德修斯"与逝者的对话"，改写的方式表达出他对荷马史诗这段描述的极大不满。埃涅阿斯的旅程以相反的顺序进行：他路过那些最知名的苦难亡灵——西西弗斯、坦塔罗斯，以及他们的同类，走向那些更重要的际遇与启示。在一次精心安排的旅程之后，他见到了自己的父亲安喀塞斯，而非母亲。父亲向他揭示的未来不仅关系到他自己的妻子和家庭，还关系到整个罗马人民的命运——他们将如何建立一个新的帝国，"把和平变成习惯，饶恕温顺的人，打倒强者"。埃涅阿斯在地府逗留的整个过程十分匆忙：他无意多做停留，寻消问息。他的到访揭示了一个更高级的计划、一个目的、一个待完成的使命。

但丁《神曲》的灵感就来源于埃涅阿斯的地府之行，他同样描述了一次精心安排的旅程。事实上，正是基督教的极力编排使得一切各得其所：不是在我们世俗的世界里，而是在地狱、炼狱或天堂中。不出所料，奥德修斯最终下了地狱，更确切地说，他被打入地狱第八层，与其他邪恶谋士一起。这类罪人会遭受火刑，难以开口说话。尽管如此，但丁笔下的奥德修斯（更确切地说是尤利西斯）还是设法讲述了自己的故事，并回答了一个令中世纪人浮想联翩的问题：他最后是怎么死的。据但丁描述，尤利西斯回到家，但是不甘就此停下：他渴望成为"阅历世界的专家"，于是他抛弃家人，离开家乡，一路向西航行。在抵达赫拉克勒斯之柱后，他向船员们发表了简短而振奋人心的演说：人不应"像野兽一样活着，而要追求卓越与知识"。就这样，他向西航行，越过直布罗陀海峡，驶向未知的地方。大约5个月后，他看到一座"黑暗且遥远的高山"，船在那儿自转了3圈，然后沉入了大海。

但丁没有读过希腊语的《奥德赛》，似乎也忽略了他那个时代流传的各种拉丁文诗歌摘要。他的叙述都是基于古罗马作家的作品：从维吉尔那里，他知道了尤利西斯是"犯罪行为的设计师"，包括他设计的特洛伊木马这条诡计；从西塞罗、贺拉斯、塞涅卡等人那儿，他了解了尤利西斯对知识的极度喜爱。尤利西斯在《神曲·地狱篇》中发表的简短而热情洋溢的演说表达了他学习的决心，但同时也展现了他给出错误建议的能力，因为他煽动船员们跨越了上帝设定的人类限制。诗歌暗示我们，他们在海难前看到的那座黑暗且遥远的高山就是人间天堂，那个地方后来成了炼狱。

尤利西斯之死的故事似乎是但丁原创，因为《神曲》最早的评论家提到了这个故事的新颖性。他的灵感一定来自中世纪关于亚历山大大帝的传说，也来自现实生活中的探险活动（在但丁创作《神曲》前不久，维瓦尔第家族两兄弟于1291年向西航行进入大西洋，试图到达印度，他们比哥伦布早了几个世纪）。最后不能不提的是，但丁一定从自身的经历中汲取了灵感，因为在流亡期间，他同样抛弃了家人，离开了家园。后来，他不愿接受卑微的道歉，不愿回家，选择继续追求知识。最早一批但丁的传记作者认为，这位中世纪诗人和他笔下的尤利西斯有着相似之处——比如他们宏伟的追求，以及他们堕入地狱的傲慢。

即使是在荷马史诗传播到西方之后（参见本书前言），但丁的地狱之旅仍在为奥德修斯"与逝者的对话"增色。例如，丁尼生笔下的"尤利西斯"下定决心"继续斗争、继续找寻、继续发现、决不屈服"，他既基于古代的奥德修斯，又基于中世纪的尤利西斯。但丁还影响了20世纪文学作品中的许多地狱之旅，包括詹姆斯·乔伊斯的《尤利西斯》，还有普里莫·莱维讲述他被遣送至地狱般的奥斯威辛集中营，最后从那里返回的故事。莱维的《如果这是一个人》中有一段"尤利西斯之歌"，描述他拉着小车穿过集中营时，迫切需要记住但丁《神曲·地狱篇》中的诗行。这种强烈的欲望与奥斯威辛集中营的首要任务——寻找食物，形成鲜明的对比："你们生来不是要像野兽一样活着,而要追求卓越与知识"。除了深刻的内涵,莱维在负重前行时更渴望诗歌的韵律。在莱维的回忆录中,但丁式的尤利西斯逐渐变成荷马史诗的奥德修斯,尤其是他本人坚持认为,要想逃出奥斯威辛集中营,不能少了诡诈。莱维在《休战》里描述自己的回家之路,无论是语气还是具体的细节都充满了《奥德赛》的风格:例如,有一个来自希腊萨洛尼卡的犹太人,他也是一个诡计多端的大师,就连足智多谋的莱维在他面前也要沦为一个普通学徒。有一种难以抑制的迫切需求,要他把发生的事情说出来,这种欲望甚至胜过对食物的强烈需求。最后的问题是:幸存者是否还算人?这个问题折磨着莱维,并且愈演愈烈,最终导致他在1987年结束了自己的生命。

20世纪的许多惨痛经历与奥德修斯的地府之旅如出一辙(见图12)。例如,诗人德里克·沃尔科特和艾梅·塞泽尔在后殖民地时期返回加勒比海岛的家乡,他们将那些旅程同时描绘成返乡之旅和地府之旅。两人记录了一些具体的经历,比如当地的小孩向他们要钱,说:"因为你的衣着、姿势,看起来就像游客。"但他们深刻的见解也揭露了奥德修斯对我们所有人撒的谎。毕竟,没人能返回:旅程都是单向的——通往死亡。然而,尽管困难重重,有许多不可思议的诡计和花招,《奥德赛》和它的主人公奥德修斯,以及他的无数化身,不仅有求生的意志,还有从故事中获得乐趣的决心。因此,正是古代"与逝者的对话"表明,文学本身可能就是一种欺骗死亡的尝试,它可能不够好,在道德层面含糊不清,充满了人性的弱点,而且是极具奥德赛式的尝试。

图 12 罗马勒·比尔登的根源之旅(1976),描绘了"中央航路",那是黑人奴隶从非洲到美洲的痛苦的活死人一般的旅程

致谢

本书写于指导《活着的诗人：研究古代诗歌的新方法》研究项目之期。很感谢欧洲研究委员会（European Research Council）为这个项目提供资金支持，从而使我和其他人有机会研究几个世纪以来，读者如何想象古希腊和古罗马诗人，以及读者们创作的传记和肖像画如何反过来介绍诗人的作品。非常感谢牛津大学出版社，特别是编辑安德里亚·基根，让我有机会从人们对荷马的想象开始，向当今的读者介绍他。

我还要感谢匿名的同行评议人。他们的专业知识和鼓励在很多方面改进了这本书，多年来，与约翰内斯·豪博尔德讨论荷马让我获益良多。书中提出的许多观点都来源于这些对话。和学生一起阅读《伊利亚特》和《奥德赛》充满了快乐，也加深了我对这些作品的领悟，它对我筹备这本书起了很大作用。戴维·埃尔默帮我找到了内文的一张图片。金·伯查尔编制了英文原书的索引，莫哈纳·安纳马莱监督了印制的过程。我非常感谢他们的专业知识和耐心。在这本篇幅极短的图书漫长的酝酿过程中，牛津大学出版社的埃玛·马和珍妮·努吉向我提供了不懈的支持。

插图来源

005　**图 1**　古希腊荷马雕像（公元前 150 年左右）的罗马时期复制品，大英博物馆藏。(© www.BibleLandPictures.com / Alamy Stock Photo.)

005　**图 2**　《荷马》，郑中元绘。丙烯帆布画，112 cm × 162 cm。(© Jeong Joongwon.)

010　**图 3**　尼古拉·武伊诺维奇与萨利·乌格理亚宁（1933）。(© the Milman Parry Collection of Oral Literature at Harvard University.)

020　**图 4**　描绘奥德修斯和瑙西卡的雅典杯，公元前 5 世纪，大英博物馆藏。(© The Trustees of the British Museum.)

024　**图 5**　索菲亚·施里曼佩戴着丈夫在古特洛伊遗址发现的珍宝，1874 年左右。(© Mary Evans Picture Library / Alamy Stock Photo.)

030　　**图 6**　特洛伊城墙，公元前 1200 年左右。(© Alexander A. Trofimov / Shutterstock.)

037　　**图 7**　"涅斯托耳之杯"及其铭文的线条图（公元前 740 年—公元前 720 年左右），伊斯基亚的皮特库萨艾考古博物馆。(a. © Maria Grazia Casella / Alamy Stock Photo. b. 芭芭拉·格拉左西绘。)

071　　**图 8**　大理石石棺，雕刻着国王普里阿莫斯乞求阿基琉斯归还其子尸体的场景，公元 2 世纪。贝鲁特国家博物馆藏。(DEA / G. Dagli Orti / Getty Images.)

087　　**图 9**　红色人物花瓶上描绘的阿基琉斯之死，尼奥比德画师，公元前 460 年左右，波鸿古典艺术品博物馆藏。(Kunstsammlungen der Ruhr-Universität Bochum S 1060; Foto Michael Benecke.)

090　　**图 10**　安吉莉卡·考夫曼，《赫克托尔告别安德洛玛刻》，英国国民托管组织，存于萨尔特伦宅邸，普利茅斯。(© NTPL / John Hammond.)

113　　**图 11**　古希腊皮奥夏地区黑陶器皿，描绘奥德修斯和北风之神波瑞阿斯，公元前 4 世纪，牛津大学阿什莫林博物馆藏。(© Ashmolean Museum / Mary Evans.)

137　　**图 12**　罗马勒·比尔登的根源之旅（1976），纽约罗马勒·比尔登基金会藏。(© Romare BeardenFoundation / DACS, London / VAGA, New York 2016.)

参考文献

《伊利亚特》和《奥德赛》的英文译文大致基于安东尼·维瑞蒂（Anthony Verity）收录在"牛津英文经典"系列（2011）中的《伊利亚特》，以及同系列的《奥德赛》（2016）。其他译文，除非另有说明，均为本书作者翻译。

前言

Petrarch claims to have hugged a manuscript of the *Iliad* in *Epistolae Familiares*, 18.2.10. The relevant passages of the letters in which he and Boccaccio discuss Leontius Pilate are collected in A. Pertusi, *Leonzio Pilato fra Petrarca e Boccaccio* (Venice, 1964), 40f. P. H. Young, *The Printed Homer: A 3000 Year Publishing and Translation History of the Iliad and the Odyssey* (Jefferson, NC, 2003) includes a catalogue of Homeric translations up to the year 2000.

第一章 寻找荷马：争议与美学的交织

Ancient speculations about the meaning of the name 'Homer', and his possible place of birth, are found primarily in the ancient *Lives of Homer*, translated for the Loeb Classical Library by M. L. West (Cambridge, MA, 2003). Aeschylus' statement about taking 'slices from the banquet of Homer' is quoted in Athenaeus 8.347e. Herodotus discusses the authenticity of the *Cypria* in *Histories* 2.117. Aristotle talks about Homer's 'technique or natural genius' in his *Poetics* 1451a24. Pliny mentions the desire to picture Homer's face in *Natural History* 35.9. Gianbattista Vico complains about Homeric epic being 'vile, rude, cruel', etc. in *New Science* 3.1. Goethe's couplet on Wolf's Homer is published in *Gedenkausgabe der Werke, Briefe und Gespräche*, ed. E. Beutler, vol. 2 (Zurich, 1953), 478. Nietzsche's inaugural lecture is published in *Kritische Gesamtausgabe*, ed. G. Colli and M. Montinari, vol. 2.1 (Berlin, 1982), 247–79.

第二章 文本线索：荷马程式

Milman Parry claims that Homeric audiences were indifferent to Homeric epithets and that they are best left untranslated in *The Making of Homeric Epic*, ed. A. Parry (Oxford, 1971), 171f. W. Arend, *Die typischen Scenen bei Homer* (Berlin, 1933) coined the term 'type scenes'. Achilles and Apollo clash at the beginning of *Il.* 22; the lines quoted are 8–10, 14–15, and 20. Odysseus emerges from the bushes, covers himself with a leafy branch, and confronts Nausicaa in *Odyssey* 6.127–44. For the ancient notion that Homer knew all the Greek dialects, see M. Hillgruber, *Die pseudoplutarchische Schrift De Homero*, vol. 1 (Stuttgart and Leipzig, 1994), 102–3. The river Caÿster, near Ephesus, is mentioned at *Il.* 2.461.

第三章 史料线索：英雄世界的真实性

Ulrich von Wilamowitz-Moellendorff berates Schliemann in 'Über die ionische Wanderung', *Sitzungsberichte der Königlich Preußischen Akademie der Wissenschaften* (Berlin, 1906), 59. Boulders 'that no two men could lift, such as they are nowadays': *Il.* 5.302–4, 12.445–9, and 20.285–7. Homeric similes: *Il.* 11.558–65 (Ajax like a donkey); *Il.* 4.130–3 (Athena like a mother diverting a fly); *Od.* 19.233 (a tunic like the skin of an onion); *Il.* 5.487, 16.406–8, and 24.80–2, *Od.* 10.124 and 22.384–7 (fishing); *Il.* 23.712f. (interlocking beams); *Od.* 6.232–5 (silver overlaid with gold); *Il.* 4.141–5 (an ivory mouthpiece stained with purple). Odysseus' men eat fish to avoid starvation: *Od.* 12.329–32; a 'race of demi-god men': *Il.* 12.23; the cult of Sarpedon in Lycia: *Il.* 16.666–83. Odysseus is blown off course while rounding Cape Malea *Od.* 9.80f.; the magical ships of the Phaeacians: *Od.* 8.556–63; description of Ithaca: *Od.* 9.21–8. For a useful guide to ancient and modern attempts to reconstruct Odysseus' journey, see Jonathan Burgess' collection and discussion of sources at <http://homes.chass.utoronto.ca/~jburgess/rop/od.voyage.html>. R. Bittlestone tries to line up the Homeric description of Ithaca with the geography of the western Greek island by invoking massive earthquakes in *Odysseus Unbound: The Search for Homer's Ithaca* (Cambridge, 2005); for a critical view, see B. Graziosi, 'Where is Ithaca?', *Journal of Hellenic Studies* 128 (2008): 178–80. Demodocus' songs: *Od.* 8.73–108, 256–370, and 474–541; Phemius' performance: *Od.* 1.325–59; a fleeting reference to writing, or something close to it: *Il.* 6.160–70.

第四章 诗中的诗人：谁是真正的创作者？

The poet invokes the Muses before the 'Catalogue of Ships': *Il.* 2.484–93.

Ancient concerns about the proem of the *Odyssey*: scholia g1 to *Od.* 1.8, in F. Pontani, ed., *Scholia graeca in Odysseam* (Rome, 2007–). Demodocus sings about what happened in Troy 'as if he had been there himself', and Odysseus rewards him with a joint of pork: *Od.* 8.471–98. The Muse gives Demodocus sweet song and blindness: *Od.* 8.63f. The singer Phemius begs Odysseus to spare his life: *Od.* 22.344–53. 'Longinus' compares the *Iliad* to the sun at noon, and the *Odyssey* to a sunset: *On the Sublime* 9.12–14. The curved coastline, with its beached Achaean ships, is arranged before the poet 'like a theatre': scholia A (Aristonicus) to *Il.* 14.35a in H. Erbse, *Scholia graeca in Homeri Iliadem* (Berlin: 1969–88). J. Strauss Clay, *Homer's Trojan Theater: Space, Vision, and Memory in the Iliad* (Cambridge, 2011) establishes the position of the poet in relation to the battlefield; a computer simulation based on her work is available here: <http://www.homerstrojantheater.org>. A spear mashes up a brain: *Il.* 12.182–6; two horses stumble, and a whole army flees: *Il.* 6.37–41. The map of the 'Catalogue of Ships' and 'Catalogue of the Trojans' is based on G. Danek, 'Der Schiffskatalog der Ilias. Form und Funktion', in H. Heftner and K. Tomaschitz, eds, *Ad Fontes! Festschrift für Gerhard Dobesch* (Vienna, 2004), 59–72; the arrows refer to the following lines in *Il.* 2: A=494–580; B=581–614; C=615–44; D=645–80; E=681–759; F=816–43; G=844–57; H=858–63; I=864–6; J=867–77. The 'Shield of Achilles': *Il.* 18.478–608; Achilles recognizes the shield as the work of a divine craftsman: *Il.* 19.21f.; his men flee at its sight: *Il.* 19.14f. The sight of Achilles' weapons blinds Homer: *Life of Homer* 7.5 in M. L. West, ed., *Homeric Hymns, Homeric Apocrypha, Lives of Homer* (Cambridge, MA, 2003). Zeus complains about mortals who blame the gods: *Od.* 1.28–43. Poseidon spots Odysseus on his raft from the top of the Solymian mountains, on his way from Aethiopia to Olympus: *Od.* 5.282–4. Tiresias predicts Odysseus' future: *Od.* 11.100–37. Odysseus makes his way to Eumaeus' pigsty: *Od.* 14.1–4. The dog Argos recognizes his old master, wags his tail, and dies: *Od.* 17.291–327. Odysseus removes weapons from the hall: *Od.* 19.1–34; the contest of the bow takes up the whole of book 21. According to Plato, *Ion* 535b, Homeric audiences found the scene when Odysseus leaps on the threshold and starts shooting arrows at the suitors particularly thrilling. The poet compares Odysseus to a singer at *Od.* 21.405–11.

第五章　阿基琉斯的愤怒：跨越历史的比较

The wrath of Achilles (*Il.* 1.1) is matched by the wrath of Apollo (*Il.* 1.75). The god Apollo descends from Olympus 'like nightfall': *Il.* 1.47. Athena restrains Achilles: *Il.* 1.194–222; Achilles is 'driven to even greater arrogance': *Il.* 9.700. Achilles tells Odysseus that it is necessary to choose between glory and a safe return home, though of course Odysseus will achieve both: *Il.* 9.413. Achilles explains the reasons why he refuses to return to the battlefield: *Il.* 9.401–9. Zeus owes Thetis a favour: *Il.* 1.396–401 and 407–12, with L. Slatkin, *The Power of Thetis: Allusion and Interpretation in the Iliad* (Berkeley, 1991). Achilles agrees with Ajax that he should return to the battlefield, but is too angry with Agamemnon to do so: *Il.* 9.644–8. He will resume fighting only when Hector sets the Achaean ships on fire: *Il.* 9.649–55. Apollo finds Achilles' behaviour inhuman: *Il.* 24.44–54. The story of Meleager is told in *Il.* 9.527–99. For Siduri's advice to Gilgamesh, and the *Epic of Gilgamesh* more generally, see A. R. George's critical edition (Oxford, 2003), 278f. Achilles' physical reaction to the death of Patroclus is described at *Il.* 24.1–110. Thetis tells Achilles that he should eat, sleep, and have sex: *Il.* 24.128–32. Achilles and Priam regard each other: *Il.* 24.628–33.

第六章 特洛伊之歌：丰富的口头诗学文化

Hector talks to his mother at *Il.* 6.242–85; Euripides' lost tragedy *Alexander* tells the story of how Hecuba rescued Paris from being killed in infancy; see C. Collard and M. J. Cropp, *Euripides: Fragments*, vol. VII (Cambridge, MA, 2008). Achilles grants Agamemnon first prize in spear-throwing: *Il.* 23.889–97. Hector's death symbolizes the fall of the entire city: *Il.* 22.410f. Homeric wounds: *Il.* 13.568f. (between genitals and navel); 13.442–4 (spear quivers to the heartbeat of the wounded); 20.469–71 (a liver slides out of the abdomen). Clinical observations that corroborate Homeric descriptions of wounds are collected in K. B. Saunders, 'The wounds in *Iliad* 13–16', *Classical Quarterly* 49 (1999): 345–63. A father survives his son: *Il.* 13.650–9; a young widow is left in a 'half-built house': *Il.* 2.701; a hospitable man is killed: *Il.* 6.13–16; a mother cannot wash her son's corpse: *Il.* 21.122–4; a warrior falls like a felled tree: *Il.* 13.177–80; Eustathius' comments: M. van der Valk, ed., *Eustathii archiepiscopi Thessalonicensis commentarii ad Homeri Iliadem pertinentes* (Leiden, 1971–87), 926.54. The sons of Antenor are killed by Agamemnon: *Il.* 11.262; Sarpedon sets out the 'heroic code': *Il.* 12.310–28.

第七章 赫克托尔之殇：直面最深的恐惧

Achilles claims that he can still have a long life at *Il.* 9.414–16. Hector must die 'now', whereas Achilles will die 'whenever': *Il.* 22.365–6. Hector meets the women of Troy (*Il.* 6.237–41), his mother (6.251–85), Helen (6.343–68), the housekeeper (6.369–89), and finally his wife Andromache and baby son Astyanax (6.392–502). 'Respectable reasons for leaving the house': scholia bT to *Il.* 6.378; 'Andromache gives counter-military advice to Hector': scholia A to *Il.* 6.433–9;

'not typical of women, but typical of her': scholia bT to *Il.* 6.433; 'in times of hardship even the smallest incident can cause laughter': scholia bT on *Il.* 6.471; 'beside the norm': scholia bT to *Il.* 6.499, all in H. Erbse, *Scholia graeca in Homeri Iliadem* (Berlin, 1969–88). Alexander Pope insists that Andromache speaks like a woman, rather than a soldier: M. Mack, ed., *The Poems of Alexander Pope*, vol. 7: 'Translations of Homer' (New Haven, 1967), 354. Hector imagines Andromache as his living memorial: *Il.* 6.460f. Andromache claims that Hector was killed by his own excessive courage: *Il.* 6.407, 6.431f., and 22.454–9. She would have wanted him to die in his own bed: *Il.* 24.743–5. Kaufmann's Hector is dismissed as a 'wistful juvenile': W. Boime, *Art in the Age of Revolution* 1750–1800 (Chicago, 1987), 112f. Achilles draws near, and Hector watches him like a poisonous snake: *Il.* 22.92–5. Hector worries that he will be accused of destroying his people: *Il.* 22.107. Achilles and Hector run like two athletes competing over the life of Hector: *Il.* 22.161; they run as if in a dream: *Il.* 22.199–201. Hector 'does not miss his goal' but needs another spear: *Il.* 22.290–5. Hector makes a final resolution to face Achilles bravely, for our sake: *Il.* 22.300–5.

第八章 足智多谋的人：主题的普遍意义

Odysseus looks like a weather-beaten lion (*Od.* 6.130–6), like an octopus (*Od.* 5.432–5), like a bat (*Od.* 12.429–44). He looks 'disgusting' to Nausicaa, but a little later 'like a god': *Od.* 6.137 and 243. He looks 'pitiful' to Penelope, and then she imagines he might be 'an avenging god': *Od.* 19.253 and 23.63. Penelope cautiously admits to herself a resemblance with her old husband: *Od.* 23.94f. Odysseus hangs under Polyphemus' ram: *Od.* 9.425–61. Odysseus looks like a 'nobody': *Od.* 9.515. He sails home while asleep: *Od.* 13.80.

Odysseus tells Penelope Tiresias' prophecy, and they go to bed together: *Od.* 23.251–87. Aristotle summarizes the *Odyssey* and complains about implausible divine interventions: *Poetics* 1455b16–23 and 1454b1–6. Odysseus explains to Telemachus the risk of civil war: *Od.* 23.118–22. Athena consults with Zeus: *Od.* 1.44–95 (see also 5.5–27) and 24.473–86. Melanthius provokes Odysseus, and is eventually maimed: *Od.* 17.212–38 and 22.474–7. The maids provoke Odysseus, and are hung: *Od.* 20.6–24 and 22.457–73.

第九章 女人与妖魔：女性角色的存在感

Penelope and Odysseus talk about the clothes she made for him at *Od.* 19.213–60. Odysseus is given clothes by Calypso (*Od.* 5.264, cf. 5.320), Ino (*Od.* 5.333–64), Nausicaa (*Od.* 6.228, cf. 7.235), and Arete (*Od.* 8.438–45). Circe's special knot: *Od.* 8.447f. Nausicaa would like to marry Odysseus (*Od.* 6.244f.), and her father agrees (*Od.* 7.311–15); Odysseus enjoys Arete's warm bath (*Od.* 8.450–2). More on Homeric women and clothes can be found in L. G. Canevaro, *Women of Substance in Homeric Epic: Women, Objects, Agency* (Oxford, 2018). Odysseus enslaves and abducts the Ciconian women (*Od.* 9.41f.); forbids contact with the Lotus-Eaters (*Od.* 9.91–102); rejects the opportunity to steal the Cyclops' cheeses (*Od.* 9.224–9); is offered the doubtful privilege of 'being eaten last' (*Od.* 9.369); describes how his men encounter 'a woman as huge as a mountain peak' (*Od.* 10.112f.); and hears the song of the Sirens (*Od.* 12.182–91). Penelope thinks up the ruse of the shroud (*Od.* 2.93–110), the ruse of the bed (*Od.* 23.177–204), and has a dream about geese (*Od.* 19.535–58).

第十章 地府之旅：欺骗死亡的尝试

Tennyson's 'Ulysses' (1842) is published in *A Selected Edition*, ed. C. Ricks (London, 1989), 138–45. The dead 'eat dust' in *The Epic of Gilgamesh*, Tablet VII; we discover that they care about proper burial, and about having had many sons in Tablet XII: see the edition by A. R. George (Oxford, 2003), 644f., 732–5. Odysseus and his men shed 'many tears' at the prospect of setting off for a journey to the Underworld: *Od.* 11.5. 'Pale fear' grips Odysseus: *Od.* 11.43. He is curious about how quickly people travel to the Underworld after they die: *Od.* 11.57f. Odysseus' mother tells him to leave the land of the dead, and tell the story of his visit to Penelope: *Od.* 11.223f. Arete and Alcinous admire Odysseus' tale, and he admits that their gifts are useful: *Od.* 11.335–76. Achilles tells Odysseus that he should not 'praise death' and that he envies anyone who still lives, even a field labourer: *Od.* 11.488–91. G. Gazis, *Homer and the Poetics of Hades* (Oxford, 2018) discusses Odyesseus' encounters in the Underworld in greater and convincing detail. The Romans will 'impose a habit of peace, spare the meek, and cut down the mighty': Virgil, *Aeneid* 6.851–3. Dante's Ulysses wants to become 'expert of the world' (*Inferno* 26.98), and tells his crew that they were 'not meant to live like brutes, but to pursue excellence and knowledge' (*Inferno* 26.119f.). Virgil calls Ulysses an 'inventor of crimes' (*Aeneid* 2.164). Primo Levi remembers his descent and return from Auschwitz in *If This is a Man* (*Se questo è un uomo*, Turin, 1958) and *The Truce* (*La tregua*, Turin, 1963). 'Because your clothes,| your posture | seem a tourist's': D. Walcott, 'Homecoming: Anse la Raye' (1969), 21–3, published in *Collected Poems: 1948–1984* (New York, 1984), 127–9; see also his celebrated long narrative poem *Omeros* (New York, 1990), and A. Césaire, *Cahier d'un retour au pays natal* (Paris, 1939).

延伸阅读

总体

参考书目

M. Finkelberg, ed., *Homer Encyclopaedia*, 3 vols (Chichester and Malden, MA, 2011).

近东史诗及荷马史诗

J. M. Foley, ed., *A Companion to Ancient Epic* (Malden, MA, 2005).

B. R. Foster, *Before the Muses: An Anthology of Akkadian Literature*, 3rd edition (Bethesda, 2005).

A. R. George, *The Babylonian Gilgamesh Epic: Introduction, Critical Edition and Cuneiform Texts* (Oxford, 2003).

J. Haubold, *Greece and Mesopotamia: Dialogues in*

Literature (Cambridge, 2013).

M. L. West, *The East Face of Helicon: West Asiatic Elements in Greek Poetry and Myth* (Oxford, 1997).

特洛伊战争的传统

N. Austin, *Helen of Troy and Her Shameless Phantom* (Ithaca, NY, 1994).

J. S. Burgess, *The Tradition of the Trojan War in Homer and the Epic Cycle* (Baltimore, 2001).

M. L. West, ed., *Homeric Hymns, Homeric Apocrypha, Lives of Homer* (Cambridge, MA, 2003).

《伊利亚特》和《奥德赛》

J. S. Burgess, *Homer* (London, 2014).

A. Ford, *Homer: The Poetry of the Past* (Ithaca, NY, 1992).

R. Fowler, ed., *The Cambridge Companion to Homer* (Cambridge, 2004).

B. Graziosi and J. Haubold, *Homer: the Resonance of Epic* (London, 2005).

J. Griffin, *Homer on Life and Death* (Oxford, 1980).

I. Morris and B. Powell, eds, *A New Companion to Homer* (Leiden, 1997).

R. B. Rutherford, *Homer*, 2nd edition (Cambridge, 2013).

S. Schein, *Homeric Epic and Its Reception* (Oxford, 2016).

A. J. B. Wace and F. H. Stubbings, eds, *A Companion to Homer* (London, 1962).

《伊利亚特》的版本

H. van Thiel, ed., *HomeriIlias* (1996, Hildesheim).

M. L. West, ed., *Homeri Ilias* (1998—2000, Stuttgart and Leipzig).

《伊利亚特》的古今评注

H. Erbse, ed., *Scholia graeca in Homeri Iliadem* (Berlin, 1969-88).

G. S. Kirk et al., eds, *The Iliad: A Commentary* (Cambridge, 1985-93).

M. van der Valk, ed., *Eustathii archiepiscopi Thessalonicensis commentarii ad Homeri Iliadem pertinentes* (Leiden, 1971-87).

M. M. Willcock, *A Companion to the Iliad, Based on the Translation by Richmond Lattimore* (Chicago, 1976).

M. M. Willcock, ed., *The Iliad of Homer* (London, 1978-84).

《伊利亚特》相关文献（另见后文第 5~7 章）

D. Cairns, ed., *Oxford Readings in Homer's Iliad* (Oxford, 2001).

M. W. Edwards, *Homer: Poet of the Iliad* (Baltimore, 1987).

I. de Jong, *Narrators and Focalizers: The Presentation of the Story in the Iliad*, 2nd edition (Bristol, 2004).

M. Lynn-George, *Epos: Word, Narrative and the Iliad* (Basingstoke, 1988).

R. P. Martin, *The Language of Heroes: Speech and Performance in the Iliad* (Ithaca, NY, 1989).

G. Nagy, *The Best of the Achaeans: Concepts of the Hero in Archaic Greek Poetry*, 2nd revised edition (Baltimore, 1999).

S. Schein, *The Mortal Hero: An Introduction to Homer's Iliad* (Berkeley, 1984).

O. Taplin, *Homeric Soundings: The Shaping of the Iliad* (Oxford, 1992).

S. Weil, *The Iliad or The Poem of Force*, ed. J. P. Holoka (New York, 2003).

《奥德赛》的版本

H. van Thiel, ed., *Homeri Odyssea* (Hildesheim, 1991).

M. L. West, ed., *Homerus. Odyssea* (2017, Berlin and Boston).

《奥德赛》的古今评注

W. Dindorf, ed., *Scholia graeca in Homeri Odysseam* (Oxford, 1855).

I. de Jong, *A Narratological Commentary on the Odyssey* (Cambridge, 2001).

A. Heubeck, S. West, and J. B. Hainsworth, *A Commentary on Homer's Odyssey* (Oxford, 1988-92).

F. Pontani, ed., *Scholia graeca in Odysseam* (Rome, 2007-).

G. Stallbaum, ed., *Eustathii archiepiscopi Thessalonicensis commentarii ad Homeri Odysseam ad finem exempli romani editi* (Leipzig, 1825-6).

《奥德赛》相关文献（另见后文第 8~10 章）

N. Austin, *Archery at the Dark of the Moon: Poetic Problems in Homer's Odyssey* (Berkeley, 1975).

L. E. Doherty, ed., *Oxford Readings in Homer's Odyssey* (Oxford, 2009).

C. Dougherty, *The Raft of Odysseus: The Ethnographic Imagination of Homer's Odyssey* (Oxford, 2001).

P. Pucci, *Odysseus Polutropos: Intertextual Readings in the Odyssey and the Iliad*, 2nd edition (Ithaca, NY, 1995).

S. Reece, *The Stranger's Welcome: Oral Theory and the Aesthetics of the Homeric Hospitality Scene* (Ann Arbor, 1993).

R. B. Rutherford, 'At home and abroad: aspects of the structure of the *Odyssey*', *Proceedings of the Cambridge Philological Society* 31 (1985): 133–50.

S. Saïd, *Homer and the Odyssey*, 2nd edition (Oxford, 2011).

S. Schein, *Reading the Odyssey: Selected Interpretive Essays* (Princeton, 1996).

C. Segal, *Singers, Heroes and Gods in the Odyssey* (Ithaca, NY, 1994).

第一章 寻找荷马：争议与美学的交织

荷马的古代形象

W. Burkert, 'The making of Homer in the 6th century BCE: rhapsodes versus Stesichorus', in E. Bothmer, ed., *The Amasis Painter and his World* (Malibu, CA, 1987) 43–62 (reprinted in *Kleine Schriften* I, 2001: 189–97, and in D. Cairns, ed., *Oxford Readings in Homer's Iliad*, 2001: 92–116).

B. Graziosi, *Inventing Homer: The Early Reception of Epic* (Cambridge, 2002).

W. Wallis, 'Homer: A Guide to Sculptural Types', *Living Poets* (Durham, 2015) <https://livingpoets.dur.ac.uk/w/Homer:_A_Guide_to_Sculptural_Types>.

古代荷马史诗学术研究及现代荷马史诗学术研究的开端

E. Dickey, *Ancient Greek Scholarship: A Guide to Finding, Reading, and Understanding Scholia, Commentaries, Lexica, and Grammatical Treatises, from their Beginnings to the Byzantine Period* (Oxford, 2007).

R. Nünlist, *The Ancient Critic at Work. Terms and Concepts of Literary Criticism in Greek Scholia* (Cambridge, 2009).

R. Pfeiffer, *History of Classical Scholarship: From the Beginnings to the End of the Hellenistic Age* (Oxford, 1968).

A. Grafton, G. W. Most, and J. E. G. Zetzel, eds, *F. A. Wolf: Prolegomena to Homer, 1795* (Princeton, 1985).

第二章 文本线索：荷马程式

口头诗歌

E. Bakker, *Pointing at the Past: From Formula to Performance in Homeric*

Poetics (Cambridge, MA, 2005).

J. M. Bremer, I. de Jong, and J. Kalff, eds, *Homer: Beyond Oral Poetry. Recent Trends in Homeric Interpretation* (Amsterdam, 1987).

J. M. Foley, *Homer's Traditional Art* (University Park, PA, 1999).

A. Lord, *The Singer of Tales*, 2nd edition with CD-Rom, eds S. Mitchell and G. Nagy (Cambridge, MA, 2000).

G. Nagy, *Poetry as Performance: Homer and Beyond* (Cambridge, 1996).

G. Nagy, *Plato's Rhapsody and Homer's Music: The Poetics of the Panathenaic Festival in Classical Athens* (Washington, DC, 2002).

M. Parry, *The Making of Homeric Verse: The Collected Papers of Milman Parry*, ed. A. Parry (Oxford, 1971).

荷马的语言和语法

Ø. Andersen and D. T. T. Haug, eds, *Relative Chronology in Early Greek Epic Poetry* (Cambridge, 2012).

P. Chantraine, *Grammaire Homérique* (Paris, 1948-53).

R. Janko, *Homer, Hesiod and the Hymns: Diachronic Development in Epic Diction* (Cambridge, 1982).

D. B. Monro, *A Grammar of the Homeric Dialect* (Oxford, 1891; repr. Bristol, 1998).

B. Snell et al. *Lexikon des frühgriechischen Epos* (Göttingen, 1955-2010).

J. R. Tebben, *Concordantia Homerica, Pars 1: Odyssea. A Computer Concordance to the van Thiel Edition of Homer's Odyssey* (Hildesheim, 1994).

J. R. Tebben, *Concordantia Homerica, Pars 2: Ilias. A Computer Concordance to the van Thiel Edition of Homer's Iliad* (Hildesheim, 1998).

荷马的早期文本

A. C. Cassio, 'Early editions of the Greek epics and Homeric textual criticism', in F. Montanari, ed., *Omero tremila anni dopo* (Rome, 2002), 105-36.

第三章 史料线索：英雄世界的真实性

C. Antonaccio, *An Archaeology of Ancestors: Tomb Cult and Hero Cult in Ancient Greece* (Lanham, MD, 1994).

M. Finkelberg, *Greeks and Pre-Greeks: Aegean Prehistory and Greek Heroic Tradition* (Cambridge, 2005).

I. Malkin, *The Returns of Odysseus: Colonisation and Ethnicity* (Berkeley, 1998).

I. Morris, *Archaeology as Cultural History: Words and Things in Iron Age Greece* (Malden, MA, 2000).

B. B. Powell, *Homer and the Origin of the Greek Alphabet* (Cambridge, 1991).

J. Neils, *Goddess and Polis: The Panathenaic Festival in Ancient Athens* (Princeton, 1992).

J. I. Porter, 'Making and unmaking: the Achaean Wall and the limits of fictionality in Homeric criticism', *Transactions of the American Philological Association* 141 (2011): 1–36.

C. Runnels, *The Archaeology of Heinrich Schliemann: An Annotated Bibliographic Handlist* (Boston, 2002).

第四章 诗中的诗人：谁是真正的创作者？

S. Goldhill, *The Poet's Voice: Essays on Poetics and Greek Literature*

(Cambridge, 1991).

B. Graziosi, 'The poet in the *Iliad*', in A. Marmodoro and J. Hill, eds, *The Author's Voice in Classical and Late Antiquity* (Oxford, 2013) 9–38.

I. de Jong and R. Nünlist, 'From bird's eye view to close-up: the standpoint of the narrator in the Homeric epics', in A. Bierl, A. Schmitt, and A. Willi, eds, *Antike Literatur in neuer Deutung. Festschrift für Joachim Latacz anlässlich seines 70. Geburtstages* (Munich, 2004) 63–83.

E. Minchin, *Homer and the Resources of Memory: Some Applications of Cognitive Theory to the Iliad and the Odyssey* (Oxford, 2001).

A. Purves, *Space and Time in Ancient Greek Narrative* (Cambridge, 2010).

S. D. Richardson, *The Homeric Narrator* (Nashville, 1990).

R. Scodel, *Listening to Homer: Tradition, Narrative, and Audience* (Ann Arbor, 2002).

J. Strauss Clay, *Homer's Trojan Theater: Space, Vision, and Memory in the Iliad* (Cambridge, 2011).

M. M. Winkler, ed., *Troy: from Homer's Iliad to Hollywood Epic* (Oxford, 2007).

第五章 阿基琉斯的愤怒：跨越历史的比较

D. Cairns, *Aidōs: The Psychology and Ethics of Honour and Shame in Ancient Greek Literature* (Oxford, 1993).

M. Clarke, *Flesh and Spirit in the Songs of Homer: A Study of Words and Myths* (Oxford, 1999).

D. Elmer, *The Poetics of Consent: Collective Decision Making in the Iliad* (Baltimore, 2012).

J. Griffin, 'Homeric words and speakers', *Journal of Hellenic Studies* 106

(1986): 36–57.

L. Muellner, *The Anger of Achilles: Mênis in Greek Epic* (Ithaca, NY, 1996).

L. Slatkin, *The Power of Thetis: Allusion and Interpretation in the Iliad* (Berkeley, 1991).

G. Zanker, *The Heart of Achilles: Characterization and Personal Ethics in the Iliad* (Ann Arbor, 1994).

第六章 特洛伊之歌：丰富的口头诗学文化

J. Griffin, *Homer on Life and Death* (Oxford, 1980), esp. chapter 4.

J. Haubold, *Homer's People: Epic Poetry and Social Formation* (Cambridge, 2000).

S. Scully, *Homer and the Sacred City* (Ithaca, NY, 1990).

第七章 赫克托尔之殇：直面最深的恐惧

M. Alexiou, *The Ritual Lament in Greek Tradition*, revised edition D. Yatromanolakis and P. Roilos (Lanham, MD, 2002).

M. Arthur Katz, 'The divided world of *Iliad* VI', in H. Foley, ed., *Reflections of Women in Antiquity* (New York, 1981), 19–44.

P. E. Easterling, 'The tragic Homer', *Bulletin of the Institute of Classical Studies* 31 (1984): 1–8.

P. E. Easterling, 'Men's κλέος and women's γόος: female voices in the *Iliad*', *Journal of Modern Greek Studies* 9 (1991): 145–51.

B. Graziosi and J. Haubold, eds, *Homer: Iliad VI* (Cambridge, 2010).

I. de Jong, ed., *Homer: Iliad XXII* (Cambridge, 2012).

C. W. MacLeod, *Homer: Iliad XXIV* (Cambridge, 1982).

J. Redfield, *Nature and Culture in the Iliad: The Tragedy of Hector*, 2nd edition (Durham, NC, 1994).

J. Strauss Clay, 'Dying is hard to do', *Colby Quarterly* 38.1 (2002): 7–16.

第八章 足智多谋的人：主题的普遍意义

M. Detienne and J.-P. Vernant, *Cunning Intelligence in Greek Culture and Society*, trans. J. Lloyd (Chicago, 1991).

G. W. Most, 'The structure and function of Odysseus' *Apologoi*', *Transactions of the American Philological Association* 199 (1989): 15–30.

M. Nagler, 'Odysseus: the proem and the problem', *Classical Antiquity* 9 (1990): 335–56.

J. Peradotto, *Man in the Middle Voice: Name and Narration in the Odyssey* (Princeton, 1990).

L. H. Pratt, *Lying and Poetry from Homer to Pindar* (Ann Arbor, 1993).

P. Pucci, 'The proem of the *Odyssey*', *Arethusa* 15 (1982): 39–62.

D. Steiner, ed., *Homer: Odyssey XVII–XVIII* (Cambridge, 2010).

第九章 女人与妖魔：女性角色的存在感

L. G. Canevaro, *Women of Substance in Homeric Epic: Women, Objects, Agency* (Oxford, 2018).

B. Clayton, *A Penelopean Poetics: Reweaving the Feminine in Homer's Odyssey* (Lanham, MD, 2004).

N. Felson-Rubin, *Regarding Penelope: From Character to Poetics* (Princeton, 1994).

A. F. Garvie, *Homer: Odyssey VI–VIII* (Cambridge, 1994).

M. Katz, *Penelope's Renown: Meaning and Indeterminacy in the Odyssey* (Princeton, 1991).

J. Redfield, 'The economic man', in C. A. Rubino and C. W. Shelmerdine, eds, *Approaches to Homer* (Austin, 1983), 218-47, reprinted in L. E. Doherty, ed., *Oxford Readings in Homer's Odyssey* (Oxford, 2009): 265-87.

J. Strauss Clay, *The Wrath of Athena: Gods and Men in the Odyssey*, corrected reprint (Lanham, MD, 1997).

T. van Nortwick, 'Penelope and Nausicaa', *Transactions of the American Philological Association* 109 (1979): 269–76.

第十章 地府之旅：欺骗死亡的尝试

G. Gazis, *Homer and the Poetics of Hades* (Oxford, 2018).

B. Graziosi and E. Greenwood, *Homer in the Twentieth Century: Between World Literature and the Western Canon* (Oxford, 2007).

E. Hall, *The Return of Ulysses: A Cultural History of Homer's Odyssey* (London, 2008).

J. D. Reid, ed., *The Oxford Guide to Classical Mythology in the Arts, 1300–1990s* (Oxford, 1993).

W. B. Stanford, *The Ulysses Theme: A Study in the Adaptability of a Traditional Hero*, 2nd edition (Oxford, 1963).